Falko Löffler

Bin ich blöd und fahr in Urlaub?

Zuhausebleiben ist der beste Trip

GOLDMANN

Originalausgabe

 Dieses Buch ist auch als E-Book erhältlich

Verlagsgruppe Random House FSC® N001967
Das FSC®-zertifizierte Papier *Holmen Book Cream* für dieses Buch
liefert Holmen Paper, Hallstavik, Schweden.

1. Auflage
Erstveröffentlichung Juni 2014
Copyright © 2014 by Wilhelm Goldmann Verlag, München,
in der Verlagsgruppe Random House GmbH
Umschlaggestaltung: Johannes Wiebel | punchdesign, München
Gestaltung der vorderen Innenklappe:
Network! Werbeagentur GmbH, München
Lektorat: Doreen Fröhlich
DF · Herstellung: Str.
Satz: DTP Service Apel, Hannover
Druck und Bindung: GGP Media GmbH, Pößneck
Printed in Germany
ISBN: 978-3-442-15819-5
www.goldmann-verlag.de

Besuchen Sie den Goldmann Verlag im Netz:

Inhalt

Vorwort

Verreisen ist Krieg.

Das beginnt im Reisebüro mit der Kriegserklärung. Sobald Sie Ihre Unterschrift unter die Buchung kritzeln, wird eine unaufhaltsame Maschinerie in Gang gesetzt. Der Schrecken beginnt. Es sei denn, Sie finden eine Reiserücktrittsversicherung, die »Bin vernünftig geworden und bleibe daheim« als Grund zulässt.

Das ist jedoch eher selten der Fall. Und vielleicht freuen Sie sich ja sogar auf eine kleine wohlverdiente Auszeit. Doch die Freude währt erfahrungsgemäß nicht lang: Das Flugzeug ist ohne Ihre Koffer unterwegs. Im Hotel kann sich niemand erklären, warum Ihre Buchung nicht angekommen ist, und auf dem Nachbargrundstück wird gerade ein Atomkraftwerk abgerissen. Kaum verlassen Sie das Hotel, rücken Ihnen Verkäufer auf die Pelle und werden Sie von Leuten bedrängt, die Ihnen Wellblechmodelle der örtlichen Kirche oder einheimische Bazillen mit Plüschtierüberzug verkaufen wollen.

Oder Sie sagen diese kleine Dienstreise zu, die das Büro organisiert. Sie müssen sich um nichts kümmern und könnten sich theoretisch zurücklehnen. Doch dann verspätet sich der Zug, fährt mit umgekehrter Wagenreihung ein, verliert unterwegs ein Rad. Auf der Konferenz versorgt Sie das Catering mit einem Magen-Darm-Virus. Der anvisierte Deal platzt. Die Rückreise verbringen Sie auf der Zugtoilette.

Lassen Sie alle Hoffnungen fahren, wenn Sie aufbrechen. Ob Sie Pauschaltourist sind, einen Abenteuerurlaub gebucht haben, geschäftlich unterwegs sind oder einen Familienausflug machen – als Reisender sind Sie ein Getriebener. Sie setzen sich den Elementen aus und erfahren den ultimativen Kontrollverlust.

Sollten Sie wider Erwarten ohne größere Schäden zurückkehren, ist der Kampf noch lange nicht vorüber. Oh nein, dann beginnt erst die Abrechnung. Ihre Freunde wollen Ihre Urlaubsreise mit der eigenen vergleichen. Haben Sie die exotischen, unberührten Orte gefunden? Dieses heimelige Café? Haben Sie mit den Einheimischen getanzt, Tiere gestreichelt oder kulinarische Entdeckungen gemacht? Nein, die Einheimischen haben Sie ausgelacht, die Tiere Sie angespuckt und die kulinarischen Entdeckungen sind Ihnen vom Teller gehüpft. Doch all das darf niemand erfahren. Die Fassade muss aufrechterhalten werden. Selbst der schrecklichste Urlaub muss als voller Erfolg verkauft werden.

Das erste Opfer des Reisens ist die Wahrheit.

Dabei ist die Lösung so einfach: Werden Sie Stubenhocker, und beginnen Sie eine Liebesbeziehung mit Ihrem Sofa!

Sie kennen das sicher. Eigentlich wollen Sie einfach nur zu Hause bleiben und Ihre Ruhe haben. Sie sind in letzter Zeit genug rumgekommen, als dass Sie Fernweh verspüren würden. In Ihnen hat sich eher Sofaweh gebildet, das Sie dringend ausleben möchten.

Sie wollen nicht erst ans andere Ende der Welt jetten, um die Seele baumeln zu lassen, sondern da baumeln, wo Sie gerade sind. Führt immerwährendes Unterwegssein nicht irgendwann zu Burn-out? Dagegen müssen Sie etwas unternehmen. Leben Sie den erholsamen Lifestyle eines Stubenhockers!

Das Stubenhocker-Dasein können Sie nach Herzenslust genießen und auskosten. Machen Sie sich ruhig ein wenig lustig über diese Rastlosen, diese Reisesüchtigen, die immer nach der letzten Trendlocation suchen, dem originellsten Reiseziel, dem angesagtesten Kick. Halten Sie solchen Leuten den Spiegel vor, wie selbst- und erholungssüchtig sie sind und wie sehr sie darüber in Stress geraten. Sie als Stubenhocker sehen die Welt nicht etwa als Ihren persönlichen Spielplatz an, sondern mit realistischem und lässigem Blick. Das ermöglicht Ihnen, auch unbequeme Wahrheiten übers Reisen auszusprechen.

Dieses Buch möchte Ihnen dabei helfen, ein erfülltes Dasein als Stubenhocker zu führen. Und wenn Sie doch einmal verreisen müssen, will es Ihnen unter die Arme greifen, unvermeidbare Reisen bestmöglich zu absolvieren, indem es wertvolle Praxistipps gibt, wie Sie in der Realität des Reisens jenseits der Hochglanzprospekte überleben.

Innere Ausgeglichenheit erreichen Sie nicht nur durch Meditationstechniken, ein dickes Bankkonto oder indem Sie Ihren Kopf in ätherische Öle tunken. Sie können auch danach streben, ein erfülltes Leben innerhalb Ihrer eigenen vier Wände zu führen. Eines Tages werden Sie in der Lage sein, Ihrer Familie und Ihren Freunden nicht etwa zögerlich, sondern stolz zu erklären: Ich fahre nicht in Urlaub! Soll jemand anders diese Dienstreise machen! Diesen Ausflug brauche ich gerade nicht! Und zwar nicht, weil mich die Umstände dazu zwingen, sondern weil ich es will. Hiermit verweigere ich den Reisedienst! Ich bin kerngesund und im Vollbesitz meiner geistigen Kräfte, und tue es, weil ich es nicht mit meinem Gewissen vereinbaren kann.

Ja, ich bleibe einfach mal zu Hause!

1
Reiseverweigerung
ist Wellness

Wir leben in einer Zeit, in der alle nach Ausgeglichenheit streben, nach Work-Life-Balance, nach innerer Ruhe. Die meisten Menschen versuchen diesen Zustand zu erreichen, indem sie in ihren hektischen, überbordenden Alltag zwischen die normalen Geschäftstermine noch zusätzliche Verpflichtungen wie Sport oder Geselligkeit einbauen, denen sie dann hinterherhetzen müssen, weil sie den Überblick verlieren und angesichts ihres übervollen Kalenders in Stress geraten. So richtet sich die Tagesplanung einzig danach, alle Aufgaben zu erledigen und zwischendurch pflichtschuldigst Entspannung zu suchen. Wenn das halbwegs gelungen ist, unterliegen diese Menschen dem Zwang, anderen Leuten von ihren Erlebnissen zu berichten und soziale Medien mit wandteppichgroßen Fotos zuzupflastern, auf denen sie im Wellnesstempel, in der Natur oder im Restaurant mit dem teuren Wein blöd rumgrinsen. Solche Veranstaltungen werden im Zweifelsfall gern auf ein ganzes Wochenende oder einen noch längeren Zeitraum ausgedehnt, und das nennt man dann Urlaub.

Der soziale Status eines Individuums wird in manchen Kreisen abgelesen an der Häufigkeit, Distanz und Dauer der jährlichen Auszeiten und der Frequenz der Wellness- und Urlaubstage. Mitleidig belächelt werden diejenigen, die nur ein Mal pro Jahr wegfahren. Schlimmstenfalls haben diese Einfaltspinsel sogar eine verachtenswerte Pauschalreise gebucht – damit landen sie auf der untersten Stufe der Erholungskette. Mit diesem immerwährenden Druck leben Leute, die gern verreisen. Jeder von ihnen muss mit den eigenen Erlebnissen und Urlauben angeben können und den ultimativen Urlaub erleben, die Mutter aller Entspannungen finden. Die Urlaube sollten länger sein, weiter entfernt und natürlich VERDAMMT NOCH MAL OFFENSICHTLICH ERHOLSAMER als der ihrer Zeitgenossen!

Reisen und die andauernde Jagd nach Wellness kann ziemlich erschöpfend sein.

Ist das wirklich etwas, dem Sie hinterherhecheln wollen? Möchten Sie sich in diesen unwürdigen Wettstreit begeben und dabei etwas fundamental Wichtiges aus den Augen verlieren: nämlich Ihr inneres Gleichgewicht?

Jeder Mensch ist anders. In den charakterlichen Ausprägungen gibt es viele Schattierungen. Gerade was die Bereitschaft angeht, sich mit der Welt auf der anderen Seite der Türschwelle zu befassen, unterscheiden sich Menschen stark. Und doch lassen sie sich knallhart in zwei Gruppen unterteilen:

- Reisesüchtige: Ihnen fällt die Decke auf den Kopf, sobald sich der erste Sonnenstrahl zeigt und sie immer noch nicht draußen sind. Ein Zeitraum von mehr als 2 Tagen, der nicht mit mindestens einem Ausflug ausgefüllt wird, ist für sie ein Gräuel. Sie lieben das Unbekannte und stürzen sich kopfüber in Abenteuer. Sie können aus dem Stegreif aufzählen, wo sie schon überall waren, und planen immerzu den nächsten Trip. Ständig sind sie auf der Suche nach Leuten, denen sie zum Thema Urlaub in den Ohren liegen können. Wenn sie mit ihren Gedanken alleine sind, drehen sie am Rad. Ihre Wohnung ist für sie ein notwendiges Übel, um dort Koffer, Rucksäcke, Zelte und Flugtickets aufzubewahren. Sie selbst verbringen darin so wenig Zeit wie möglich. Die Vorstellung, in den eigenen vier Wänden auf sich allein gestellt zu sein – vielleicht sogar für mehrere Stunden am Stück! –, ist für sie psychologisch gleichbedeutend mit sieben Jahren Einzelhaft in einem Keller im Schwarzwald. Immerzu brauchen sie die Bestätigung von außen, dass sie ein tolles Leben führen und viel erleben, sonst haben sie das Gefühl, überhaupt nicht zu existieren.

- Stubenhocker: Sie sind ruhig, gern für sich und bekommen keine Panikattacken, wenn sie mal einen Tag nicht unter Leute gekommen sind. Im Gegenteil wird ihnen in Menschenaufläufen oder beim Gedanken an ferne Länder ganz mulmig. Sie verzweifeln nicht, wenn ein Tag keine Überraschungen oder Abenteuer mit sich bringt, sondern streben eher nach beruhigender Berechenbarkeit. Sie empfinden nicht die Notwendigkeit, dauernd anderen von sich zu erzählen, im Gegenteil, sie schätzen das ausgewählte kommunikative Miteinander. Ihre Wohnung ist für sie der Mittelpunkt ihrer Welt. Sie verbringen darin so viel Zeit wie möglich. Die Vorstellung, mehrere Stunden auf sich allein gestellt in den eigenen vier Wänden zu sein, lässt sie vor Freude jauchzen. Zwar mögen Stubenhocker durchaus die Gesellschaft anderer Leute. Aber einerseits sollte diese nur in kleinen Dosen genossen werden, und andererseits missbrauchen Stubenhocker ihre Mitmenschen nicht zur permanenten Selbstbestätigung.

Letztere, die konsequenten Stubenhocker, sind von einigen Leuten geradezu geächtet. Diese Nihilisten der Wellness! Ungläubig werden sie von den anderen angeschaut, die regelmäßig verreisen, während die Stubenhocker mit ihrem Leben, so wie es ist, zu Hause, ganz zufrieden sind, und die eigentlich nur ihre Ruhe haben wollen. Sie sind schon mit sich im Reinen, wenn sich der Geräuschpegel um sie herum in Grenzen hält, die Zimmertemperatur angenehm ist und ein Buch griffbereit liegt. Stubenhocker sind Leute, die erst denken und dann sprechen, was in der bundesdeutschen Gegenwart des 21. Jahrhunderts eher die Ausnahme darstellt. Sie bemühen sich nicht rund um die Uhr um ihren sozialen Status, und es ist nicht ihr Lebensziel, andere zu übertrumpfen – ganz besonders nicht im olympischen Finale der Langstreckenreise und dem 24-stündigen Wellnessmarathon. Sie verschwenden keine Zeit, keine Energie und kein Geld im Wettbewerb der Reisesüchtigen. Doch weil sie eine Minderheit sind, werden die Stubenhocker an den Rand gedrängt und belächelt von denjenigen, die in Urlaub fahren und danach aller Welt lautstark davon berichten müssen.

Die Zeit ist reif, die Stubenhocker zu rehabilitieren. Nein, nicht nur das. Wir müssen die freie und bewusste Entscheidung gegen das Verreisen zu dem erklären, was es wirklich ist: ein eigener Lifestyle.

Damit wir uns verstehen: Es ist nicht der berüchtigte »Urlaub auf Balkonien« gemeint. Dieser ist das Methadon-Programm der verklemmten Reisesüchtigen, eine vorgeschobene Entschuldigung, warum man keinen Urlaub macht, gepaart mit Verweisen auf berufliche, private oder finanzielle Verpflichtungen. Balkonien – dieses Utopia des spießigen Kleinbürgertums und der Feigheit. Nein, das will niemand. ECHTE Reiseverweigerung geschieht völlig selbstverständlich. Wenn jemand das B-Wort zu Ihnen sagt, dann recken Sie Ihr Kinn vor und erwidern mit fester Stimme: »Ja, ich bleibe zu Hause, und, nein, ich lasse mir keinen Druck machen, mit den Reisesüchtigen zu konkurrieren. Ich vereinbare keine Termine, die mit Klangschalen zu tun haben, ich jage nicht der Erholung hinterher, und ich werde niemanden damit belästigen, wie toll es mir doch dadurch geht. Nur weil ich nicht in Urlaub fahre und gelegentlich auf den Balkon rausgehe, möchte ich nicht in die Schublade der Balkonien-Waschlappen gesteckt werden! Mein Ziel ist es nicht, so zu tun, als wäre ich im Urlaub, wenn ich zu Hause bin! Selbst wenn ich freihabe, verbringe ich gerne Zeit in meiner Wohnung, tagelang, ja wochenlang! Und das werde ich nicht mit irgendwelchen seltsamen Kunstwörtern rechtfertigen!«

Es gibt natürlich eine Grauzone. Nicht jeder, der ein Mal im Jahr verreist, qualifiziert sich als Reisesüchtiger – aber disqualifiziert sich eindeutig als Stubenhocker! Nun sind die Reisesüchtigen erwiesenermaßen die aktiveren und lauteren Menschen. Daher ziehen sie mehr Aufmerksamkeit auf sich, während die ruhigen Couch-Potatoes in der Unterzahl sind.

Manchmal überkommt es allerdings sogar einen Stubenhocker. Dann möchten Sie unter Leute kommen und mal etwas anderes sehen. Wenn das passiert, dann tun Sie es einfach. Sie selbst wissen am besten, was Ihnen bekommt. Steuern Sie frühzeitig in die andere Richtung, sobald es Ihnen zu viel wird. Wenn Sie verreisen, tun Sie es bewusst und haben immer alles in Kontrolle.

Vielleicht sind Sie jemand, der pflichtbewusst regelmäßig in Urlaub fährt, doch in Ihrem Inneren steckt ein Stubenhocker, der sich seine Neigung noch nicht eingestanden hat. Führen Sie ein Doppelleben und geben sich reiselustig, während Sie doch in Wirklichkeit einfach nur Ihren Frieden haben wollen?

Oder sind Sie schon ein Stubenhocker und haben genug davon, deswegen doofe Kommentare zu hören? Vielmehr möchten Sie lieber Ihre Mitmenschen mit sarkastischen

Bemerkungen übers Verreisen beglücken? Das lässt sich einrichten.

Die Freuden des Nichtreisens

Ihr Leben ist ausgefüllt, Sie haben kaum Zeit zum Atmen. Sie kommen im Alltag nicht hinterher, sich neben Beruf und familiären Verpflichtungen um die Dinge zu kümmern, die Sie wirklich interessieren. Groß ist die Verlockung, sich aus allem herauszuziehen und einfach mal komplett abzuschalten. Wegfahren. Das Handy ausgeschaltet lassen. In eine andere Umgebung kommen und noch nie gesehene Eindrücke sammeln. Den Akku aufladen. Ganz so, wie Ihnen Ihre reisesüchtigen Bekannten vorschwärmen, die Illustrierten versprechen und die Spartensender anpreisen.

Fallen Sie nicht darauf herein! Sie fahren vielleicht in den Urlaub, sind eine Zeit lang aus Ihrem Umfeld heraus, aber dann ...

... dann werden Ihre schlimmsten Befürchtungen über das Verreisen wahr. Die Organisation versagt, das Wetter spielt nicht mit, und Sie sitzen nur missmutig die Zeit ab.

... und dann kommen Sie nach Hause und stellen fest, dass sich nichts geändert hat. Alles ist beim Alten. Vielleicht ist Ihre Haut nicht mehr ganz so blass, und Sie konnten das eine oder andere Mal ausschlafen, aber Sie haben noch immer den gleichen Beruf, die gleichen Nachbarn, die gleichen Lebensumstände. Was Sie vor dem Urlaub genervt hat, nervt Sie immer noch. Urlaub ist nur ein kurzfristiger Schleier, der sich über Ihr Leben legt – genauer gesagt eine Nebelkerze, die Ihnen kurzfristig die Orientierung nimmt und Sie danach verwirrt und hustend zurücklässt.

Vielleicht sagen Sie jetzt: Na, ein bisschen Erholung nimmt

man aber auf alle Fälle aus dem Urlaub mit. Das mag sein – zumindest kurzfristig. Aber klinische Tests haben erwiesen, dass der Erholungseffekt durch Urlaub nach 23 Sekunden bis 37 Stunden verpufft (je nach Länge der Abwesenheit, Charakterstärke, Belastbarkeit, Reisedistanz und Steuerklasse). Da gibt es nur einen logischen Schluss: Besser ist es, wenn man gleich zu Hause bleibt und sein Leben in den Griff bekommt, anstatt davor zu fliehen.

Überlegen Sie, was Sie alles erledigen können, wenn Sie nicht wegfahren! Endlich können Sie sich all den Dingen widmen, die Sie die ganze Zeit aufgeschoben haben! Sie können Ihre Träume verwirklichen! ... Solange diese nichts mit dem Besuch exotischer Länder, fremden Sitten und Gebräuchen sowie Gerichten ohne Kartoffeln zu tun haben.

Hier einige Beispiele:

- Die Steuererklärung. Die schieben Sie immer auf, weil Sie Angst davor haben. Geben Sie das Zaudern auf, und stürzen Sie sich mit Begeisterung auf Zahlen, Tabellen und Rechnungen. Erfreuen Sie sich am Jauchzen der Finanzbeamten, und trösten Sie Ihren Geldbeutel damit, dass Sie wenigstens kein Geld für den Urlaub verplempern müssen.
- Gestalten Sie Ihren Garten. Endlich haben Sie die Zeit, ein paar Bäume zu pflanzen, das Unkraut zu jäten, die Maulwurfshügel mit Beton zu verplomben, die Erdbeeren vom letzten Jahr zu ernten und den Steingarten nach Feng-Shui-Regeln zu arrangieren. Danach werden Sie sich besser fühlen und haben vor allem wieder einige Zeit Ruhe vor diesen lästigen Arbeiten. Kein Problem, wenn Sie gar keinen Garten haben – auch die Stadtverwaltung freut sich, wenn Sie öffentliche Grünflächen optimieren. Pflanzen Sie Hibiskushecken, wo Sie die vielen Leerflächen stören, schneiden Sie lustige Formen ins Gebüsch, und erzie-

hen Sie die Enten im Teich, bestimmte Territorien nicht zu betreten (z.B. Ihre neuen Hibiskushecken).

- Die Abstellkammer. Damals, als Sie in Ihr Haus oder Ihre Wohnung gezogen sind, haben Sie alles, was Sie nicht direkt verstauen konnten, in der Abstellkammer gestapelt. Seitdem gammelt es dort rum. Immer wieder fallen Ihnen Dinge ein, die Sie GANZ SICHER dort eingelagert haben und eigentlich gerade brauchen könnten – aber die Sie in diesem Wust sicher nicht finden werden. Das können Sie nun ändern! Wer muss schon einen südamerikanischen Dschungel haben, wenn er sich in die Wildnis der eigenen Vergangenheit begeben kann? Bewaffnen Sie sich mit einer Machete, und nehmen Sie Wasser mit. Durchforsten Sie Ihren Besitz, und Sie werden ungeheure Reichtümer entdecken! Da – endlich haben Sie den Christbaumständer wiedergefunden und müssen nächstes Weihnachten nicht mit einem Eimer voll Sand improvisieren. Dort – das Druckerkabel für Ihren Homecomputer aus Kindheitstagen! Endlich haben Sie die Gewissheit, dass Sie Ihre alten Dateien ausdrucken können, falls Sie bei Ihren Eltern den dazugehörigen Commodore auf dem Dachboden aufstöbern.

- Die Eltern. Überhaupt – die Eltern. Kümmern Sie sich mal wieder um die. Fahren Sie unangemeldet hin, und erklären Sie strahlend, dass Sie ein wenig länger zu Besuch kommen wollen! Sie machen sie schon allein damit endlos glücklich, dass Sie sie mit Ihrer Anwesenheit beehren, und bekommen ein paar Wellnesstage (all-inclusive). Wenn der Zimmerservice und das Frühstück nichts taugen, beschweren Sie sich.

- Widmen Sie sich der Kakteenzucht. Dies sind die perfekten Pflanzen: brauchen wenig Wasser, sind nicht beleidigt, wenn man sie ignoriert, und können wirkungsvoll auf Einbrecher, pampige Handwerker und ungebetene Religionsverkäufer geworfen werden. Suchen Sie sich die Sorte aus, deren Nadeln Sie zudem ernten und online als folkloristische Zahnstocher verkaufen können. Beeindrucken Sie Ihre Freunde mit Ihrem Wissen über die Welt der Stachelgewächse. Optimieren Sie die vielen Wikipedia-Einträge über Kakteen.

- Gründen Sie »Stubenhocker TV«. Jemand muss schließlich anfangen, ein Gegenstück zu der ganzen Reisepropaganda auszustrahlen, die Sie irgendwo im dreistelligen Bereich Ihrer Senderliste finden. Machen Sie sich über den Offenen Kanal in Ihrer Region kundig, und finden Sie einen Sendeplatz für echtes Stubenhocker-Fernsehen. Testen Sie in Ihrer Sendung die Qualität aktueller Couchmodelle und Anrufbeantworter. Veranstalten Sie eine Anti-Talkshow, in der niemand streitet, sondern in der Leute entspannt rumsitzen, was lesen, Musik hören. Zeigen Sie die schönsten Häuser in Ihrer Gegend. Oder lassen Sie einfach eine Webcam den Blick aus Ihrem Fenster übertragen. Stundenlang.

- Setzen Sie sich einfach hin. Ganz still. Schließen Sie Ihre Augen. Sie haben einen leeren Kalender und keinerlei Verpflichtungen. Niemand verlangt Ihre Anwesenheit. Nichts muss gerade erledigt werden. Sie leben in dem Moment und horchen in sich hinein, wonach Ihnen der Sinn steht. Und Sie wundern sich, warum andere so verzweifelt ihr Leben entschleunigen wollen und es nicht hinbekommen – für Sie ist es das Leichteste, was es gibt. Es heißt, niemand bereue auf seinem Sterbebett, zu wenig ereignislose, gemütliche Abende erlebt zu haben. Das könnte eine urbane Legende sein. Lassen Sie es lieber nicht darauf ankommen, und sorgen Sie für möglichst viele geruhsame Abende.

Reiselügen

Das Verreisen ist der Bereich des Lebens, über den die zweit-
meisten Lügen verbreitet werden (auf Platz 1 steht unverändert
Sex). Wer nicht verreisen will, sieht sich Schmähungen und
Witzen ausgesetzt, nicht wenigen Stubenhockern wird gar der
Besuch des Psychiaters nahegelegt. Bei genauer Betrachtung
verlieren die Vorwürfe allerdings an Kraft, und es wird offensichtlich, dass Reisefanatiker und Reiseunternehmer hier eine
unheilige Allianz eingegangen sind. Sie bestätigen sich gegenseitig in ihrem Wahn und wollen jedem Menschen einreden,
er sei nur vollständig, wenn er regelmäßig an die exotischsten
Orte der Welt fährt (z.B. Ecuador oder das Saarland). Wenn
Sie ein glücklicher Stubenhocker sein wollen, müssen Sie Argumente an der Hand haben, mit denen Sie die bröckelige Be-
weiskette der Reisesüchtigen entkräften können:

»Reisen bildet«

Die Mutter aller Lügen. Kaum jemand fährt in den Urlaub, um
wirklich etwas zu lernen. Die Reisenden, die so was behaupten, nehmen in Wirklichkeit nicht mal Bücher mit, weil die
zu schwer sind (höchstens Illustrierte). Das sind dann auch
die Leute, die an ihrem Urlaubsort als Erstes Ausschau nach
einem Stückchen Heimat halten: Das ist auf den Balearen der
Kiosk, der deutsche Boulevardzeitungen führt, und das ist
auch in Feuerland der gleiche Kiosk, nur mit kleinerem Sorti-
ment. Diese Urlauber wollen sich in erster Linie überzeugen,
dass in der Welt alles ein wenig so ist wie daheim. Bietet sich
ihnen am Urlaubsort keine Möglichkeit, deutsche Boulevardzeitungen zu lesen, fangen sie an, übers Essen im Hotel und
das Wetter zu grummeln. Kehren sie schließlich in die Heimat zurück, fragen sie sich, was für eine Sprache diese Ein-

heimischen dort eigentlich gesprochen haben – schließlich haben sie an der Hotelbar keine getroffen. Man könnte auch sagen: Das sind verkappte Stubenhocker, die es sich selbst nicht eingestehen wollen und denen *Ihr* Mut fehlt.

»Reisen erweitert den Horizont«

Die hässliche kleine Schwester der ersten Lüge, es sei denn, man bezieht Horizont auf die Kenntnis unfreundlicher Menschen. Fallen Sie nicht auf Klischees rein! Auf Reisen werden Sie nichts lernen, was Sie nicht längst durch Lebenserfahrung oder aus Büchern wissen. Dazu müssen Sie nicht die Weltgeschichte abklappern. Letzten Endes werden Sie die Rückreise mit dem gleichen Horizont antreten, mit dem Sie losgefahren sind – schlimmstenfalls bringen Sie die gleichen Vorurteile verstärkt wieder mit nach Hause, weil sie sich bewahrheitet haben.

»Der Weg ist das Ziel«

Romantisierende Vorstellung, wenn ein Flug abgesagt wird, Stau auf der Autobahn herrscht oder der halbe Zug vergessen wurde. Reisen ist primär der Prozess, von Punkt A nach Punkt B zu kommen, und der Weg ist dabei die Notwendigkeit, nicht der Zweck des Ganzen. Sonst könnten Sie auch den Vormittag damit verbringen, im Kreisverkehr am Industriegebiet eine Runde nach der anderen zu drehen und dann behaupten, Sie hätten zu sich selbst gefunden.

»Reisen veredelt den Geist und räumt
mit unseren Vorurteilen auf«

Meinte Oscar Wilde. Er hatte gut reden, denn er selbst war frei von Vorurteilen. Aber die Umwelt, die von seinem Lebenswandel nicht ganz so angetan war, hatte einige Vorbehalte über ihn. Wilde verreiste gern, endete in Zuchthaus und Einzelhaft und starb früh. Das sollte Ihnen eine Lehre sein.

»Auch eine Reise von tausend Meilen beginnt mit einem Schritt«

Meinte Lao-Tse. Und recht hatte er. Denn er erwähnte nicht, in welche Richtung Sie diesen Schritt vollführen sollen. Wo steht Ihre Couch? Dort? Vielleicht reicht sogar der eine Schritt ... und schon sind Sie da!

Warum Stubenhocker bessere Menschen sind

Wir leben in einer Welt, in der Stubenhocker belächelt und erniedrigt werden, während Vielreisende einfordern, bewundert werden zu wollen. »Schaut, wo ich schon überall war! Was für tolle Erlebnisse ich hatte, während ihr nur zu Hause wart – WIE LANGWEILIG!«

Es ist an der Zeit, dieses schiefe Weltbild geradezurücken und die Reisesüchtigen auf den Boden der Tatsachen zurückzuholen. Niemand will verallgemeinern, *aber Stubenhocker SIND die besseren Menschen*!

In ein und derselben Situation reagiert ein Stubenhocker gänzlich anders als jemand, der an nicht therapierbarem Reisefieber leidet, und kommt damit wesentlich gelassener durchs Leben. Besonders in einer Alltagssituation zeigt sich das wahre Gemüt eines Menschen:

Es klingelt

Ein Stubenhocker denkt:

Wer ist das? Wer will etwas von mir? Erwarte ich jemanden? Habe ich eine Verabredung vergessen? Muss ich vielleicht vor die Tür treten, um es herauszufinden? Aber welches Wetter haben wir? Brauche ich einen Mantel? Wo ist der Schlüssel? Ich darf mich auf keinen Fall aussperren!

Bis ein Stubenhocker schließlich die Tür öffnet, ist dort niemand mehr anzutreffen.

Wer war das? Vielleicht die Post? Habe ich eine Nachricht im Briefkasten? Nein. Vielleicht der Hausverwalter? Was wollte er wohl? Oder der Nachbar? Schnell die Tür schließen, bevor er zurückkommt!

Ein Reisesüchtiger denkt:

HA! ES KLINGELT! Welche Abenteuer warten wohl auf mich? Ist das vielleicht mein Freund Klaus, der mich zu einem spontanen Abstecher nach Italien abholt? Oder die Bergsteigerausrüstung, die ich bestellt habe? Vielleicht ist es auch Matze, der das Wochenende schon früher beginnen will, und wir ziehen dann tagelang um die Häuser!

Der Reisesüchtige hüpft minutenlang erwartungsfroh und adrenalingepeitscht im Zimmer herum. Schließlich öffnet er die Tür. Niemand ist mehr anzutreffen.

Wer war das? Ist da jemand im Flur? Mal nachsehen. Niemand. Vielleicht vor der Tür? Hm, nur Passanten. Warum schauen die alle so? Oh – ich hab keine Hose an. UND WO IST DER VERDAMMTE SCHLÜSSEL?

Man wird zu einer großen Geburtstagsfeier eingeladen

Ein Stubenhocker wägt in den folgenden Tagen Pro und Kontra der Veranstaltung ab:

Wie stehe ich zu der Person, die da Geburtstag feiert? Sind wir blutsverwandt? Wer ist das vermutlich geladene Publikum? Kann ich mich da unauffällig druntermischen? Sind da Leute, mit denen ich halbwegs auf einer Wellenlänge liege, oder laufe ich Ge-

fahr, nach 30 Minuten schlimme Kopfschmerzen vortäuschen zu müssen? Bis wann muss ich mich endgültig festlegen? Welche Konsequenzen hätte es, wenn ich später absage? Schulde ich dem Geburtstagskind einen Gefallen? Wie würde ich es psychologisch verkraften, es zu meinem eigenen Geburtstag einladen zu müssen?

Ein Reisesüchtiger sagt SOFORT zu. Und verbringt die folgenden Tage damit, sich innerlich und äußerlich auf die Feier vorzubereiten:

Ich muss mein Repertoire an Witzen auffrischen. Und einen Berg lustiger Fotos auf mein Smartphone laden! Auch die Bilder vom Geburtstagskind, die so dämlich sind, dass sie JEDEN zum Lachen bringen! Es wird wohl freie Platzwahl geben. Also muss ich früh genug dort sein, um bei den richtigen Leuten zu landen. Ein paar bringe ich am besten mit. Gleich mal nachfragen, wie viel Begleitung o.k. ist.

Man gewinnt eine Reise

Ein Stubenhocker schaut erst mal in seinen Kalender und findet zum Reisetermin schon viele unaufschiebbare Verpflichtungen, beispielsweise einen Termin beim Zahnarzt. Also macht er eine Liste mit Leuten, denen er die Reise schenken könnte. Diese Liste priorisiert er auf einem Blatt Papier in einem zweidimensionalen Raster nach Sympathiegrad und Wahrscheinlichkeit, dass die Person zu diesem Reiseziel passt. Die so entstandene Rangliste wird abgearbeitet, bis jemand zusagt. Der Stubenhocker ärgert sich zwar, dass im Kleingedruckten stand: *Eine Auszahlung des Reisewerts ist leider nicht möglich.* Aber er ist mindestens genauso glücklich, einem anderen eine Freude gemacht zu haben.

Ein Reisesüchtiger springt 20 Minuten in der Wohnung auf und ab, ruft dann seine Eltern und engsten Freunde an, um mit seinem Gewinn anzugeben, und füllt anschließend sein Facebook-Profil mit Werbefotos vom Urlaubsziel, gepaart mit Kommentaren wie: »Schaut mal, wo ich bald bin und ihr nicht!« Diese Kommentare löscht er allerdings umgehend, als ihm klar wird, dass er eine Begleitung mitbringen darf. Ihm fallen verschiedene Namen ein, und er macht schnell eine Liste, welche Frau/welcher Mann ihm aktuell am ehesten zuspricht und bei der/dem sich damit Eindruck schinden lässt. Dann ruft er diese Person an und verlangt eine sofortige Zusage. Er will nach dem Telefonat mit dem Packen beginnen, doch da wird ihm bewusst, dass er sowieso immer auf gepackten Koffern sitzt, für den Fall, dass ihn die Reisesucht überkommt. Nun beginnt für ihn die Wartezeit auf den Urlaub. Er ist in dieser Zeit mürrisch und unleidlich, weil er immer noch in seinem Alltagsleben feststeckt. Seine Reisebegleitung, die er am Telefon überrumpelt hat, muss urplötzlich wegen eines Zahnarzttermins absagen, weswegen er die nächste Person auf der Liste anruft und eine sofortige Zusage einfordert. Am Tag, an dem er endlich abreist, atmet sein ganzes Umfeld gewaltig auf und blendet ihn auf Facebook für die Dauer der Reise aus.

Man muss zu einem Termin am anderen Ende der Stadt

Ein Stubenhocker sammelt sich erst mal. Dann geht er an seinen Rechner und sucht die EXAKTE Adresse heraus. Außerdem schaut er sich das Kartenmaterial im Detail an und speichert es auch auf seinem Smartphone, genauso wie alle Kontaktadressen der Zielperson. Die Route wird geplant: Lohnt es sich, extra das Auto dafür herauszuholen? Sind

Parkmöglichkeiten möglichst nah am Zielort vorhanden? Wie sieht es alternativ mit öffentlichen Verkehrsmitteln aus? Sind diese potenziell um diese Uhrzeit überfüllt? Wie oft muss ich umsteigen?

Ein Stubenhocker hat den perfekten Überblick, wie eine nötige Reise möglichst reibungslos vonstattengeht – selbst wenn sie nur in einen anderen Stadtteil führt. Alle Eventualitäten sind durchdacht, und durch diese Effizienz wird die Zeit, die man draußen verbringen muss, möglichst gering gehalten.

Ein Reisesüchtiger vergisst erst mal den Termin, weil er an seinen nächsten Urlaub denkt. Er fällt ihm wieder ein, als es fast zu spät ist. Also rennt er runter zu seinem Auto und rast los. Als er in der Stadt versehentlich falsch in eine Einbahnstraße abbiegt und sich über die Leute ärgert, die dauernd Lichthupe geben, fällt ihm ein, dass er die genaue Adresse gar nicht parat hat. Er hält auf dem Bürgersteig und schaut auf seinem Smartphone nach, wie die Zielstraße heißt. Dann weiß er schon mal ungefähr, wie er fahren muss. Dennoch verfährt er sich, vergisst zu tanken und bleibt in einem Industriegebiet liegen, das er nie zuvor gesehen hat. Das Smartphone piept alle 10 Sekunden, weil der Akku fast leer ist. Er fragt Passanten nach dem Weg zur nächsten U-Bahn-Haltestelle, aber plaudert so nett weiter, dass er nicht mehr weiß, welche Richtung er einschlagen muss, nachdem er sich verabschiedet (und Handynummern ausgetauscht) hat. Er findet die U-Bahn, orientiert sich am Sonnenstand und dem Verlauf der Schienen (hat er in Indien gelernt), und fährt los. So kommt er in ein weiteres Industriegebiet, das er nie zuvor gesehen hat. Als es dunkel wird, erhält er einen Anruf, warum er nicht zum Termin gekommen ist. Bevor er antworten kann, stirbt der Akku. Er hält ein Taxi an, lässt sich nach Hause fahren und schreibt einen ausführlichen Facebook-Kommentar, was für ein abgefahrenes Abenteuer er heute erlebt hat.

**Eine E-Mail mit der Bitte um Hilfe
bei einem Computerproblem kommt an**

Ein Stubenhocker liest die Mail und beantwortet sie in einer leicht verständlichen Sprache. Im Falle von Problemen, bei denen er nicht helfen kann, entschuldigt er sich höflich.

Ein Reisesüchtiger war überall und kann alles. Daher schreckt ihn auch nicht das Problem eines Rechners, den er noch nie gesehen hat. Er ruft den Absender der E-Mail an und erzählt von dem Computer in der Jugendherberge in Amsterdam, auf dem er mal Windows 3.11 reparierte, indem er die Festplatte formatiert und das System neu aufgespielt hat. Er rät, die Festplatte zu formatieren und das System neu aufzuspielen. Dann legt er eilig auf, noch bevor sein Gesprächspartner antworten kann, und bucht einen Kurztrip nach Amsterdam.

Wie man zum Stubenhocker wird

Sie sehen also: Stubenhocker sind ohne jeden Zweifel die besseren und weitaus verträglicheren Menschen. Wenn Sie einer sind, wissen Sie das längst. Aber was, wenn Sie noch zu den Leuten gehören, die einer Reise gegenüber nicht abgeneigt sind? Wenn sich bei Ihnen gelegentlich Fernweh meldet? Sie werden sich fragen, ob auch aus Ihnen ein ordentlicher Stubenhocker werden kann oder alles verloren ist. Sie müssen nur fest dran glauben! JEDER kann zum Stubenhocker werden. Fernweh ist heilbar. Selbst Reisesüchtige des höchsten Grades können geheilt werden!

Wenn Sie unvermittelt von Reiselust gepackt werden, rufen Sie sich folgende Dinge ins Gedächtnis:

Da draußen ist es auch nicht besser!

Sicher, Sie wollen dem Alltag entfliehen. Aber Alltag ist ÜBERALL! Auch an anderen Orten müssen Sie essen, trinken und aufs Klo gehen. Sie sind zwangsweise mit fremden Menschen in Kontakt. Wenn Sie nach Brasilien fliegen und sich dann wundern, dass dort nicht alle Leute den ganzen Tag Samba tanzen, sondern lieber Bandenkriminalität als Hobby pflegen, rücken Sie ein Stück näher an die Realität. Und lassen Sie sich nicht von etwas täuschen, was nach einheimischer Folklore und Lebensfreude aussieht. Da hat der Reiseveranstalter seine Finger drin, und es handelt sich aller Wahrscheinlichkeit nach nur um eine bezahlte Showeinlage.

Wer die Welt bereist, muss trotzdem wieder heim!

Ja, irgendwann kommt immer der Tag, an dem Sie die Rückreise antreten müssen. Natürlich können Sie Ihren Urlaub ins Unendliche verlängern und sich »Globetrotter« oder »Aussteiger« nennen. Aber das ist nichts anderes als ein Leben auf der Flucht: Sie werden es an keinem Ort länger als drei Tage aushalten. Sobald Sie Heimatgefühle entwickeln, fliehen Sie panisch. Und der Ort, von dem Sie aufgebrochen sind, wird trotzdem immer Ihre Heimat bleiben. Dann, irgendwann, müssen Sie sich bei der Rentenkasse melden und brauchen wieder einen festen Wohnsitz, weil Sie Verhungern für eine schlechte Zukunftsperspektive halten. Reden Sie sich also gar nicht erst ein, dass Urlaub etwas Tolles ist oder ewig anhält.

Was auf Reisen alles schiefgehen kann …

Man weiß ja gar nicht, wo man anfangen soll. Defekte Klima-anlagen, hochtourig laufende Klimaanlagen, keine Klima-anlagen, Magenverstimmung, englische Touristen, Dop-pelbuchungen, Überbuchungen, Nichtbuchungen, defekte Fahrstühle, hysterische Servicekräfte, Regen, Sonne, Wir-belstürme, Sonnenbrände, Wundbrände, Salmonellen … Ist Ihnen die Lust vergangen? Gut.

Wenn diese Gedankenarbeit nicht hilft, müssen Sie aktiv Ge-genmaßnahmen einleiten. Mit vier einfachen Schritten kön-nen auch Reisesüchtige im fortgeschrittenen Stadium zum Stubenhocker werden:

1. Schauen Sie Nachrichten. Sie werden sehen, dass überall in der Welt Krieg, Hunger, Not und Naturkatastrophen herr-schen. Wer will da noch wegfahren?
2. Duschen Sie kalt. Und stellen Sie sich dabei vor, dass in dem Hotel, das Sie gern buchen möchten, auch gerade die Heizung ausgefallen ist. Die Wahrscheinlichkeit ist groß.
3. Lesen Sie Hotelrezensionen im Internet. Sie werden zu JEDEM Hotel mindestens eine negative Stimme finden, sogar zu Etablissements mit 5 oder mehr Sternen. Irgend-wer hat immer etwas zu bemängeln – sei es, dass jemand am Gullideckel vor dem Hotel kurz eine Kakerlake gesehen hat, das Frühstücksei nicht exakt temperiert war oder der Page nicht gut genug Deutsch sprach, um schwäbische Stammesdialekte zu entwirren. Sie werden nicht viel Zeit auf den Hotelportalen verbringen müssen, um sich jede Ecke dieser Welt so unattraktiv, verdreckt und übel rie-chend wie möglich vorzustellen. Was der Realität nahe-kommt, wie ein erfahrener Stubenhocker weiß.

4. Rechnen Sie hoch, was die Reise kostet. Vergessen Sie dabei auch nicht Kleinigkeiten wie Trinkgeld, Nahverkehrstickets, Überfälle. Machen Sie danach eine Liste, was Sie von dem Geld sonst alles anschaffen könnten. Priorisieren Sie die Sachen nach Wichtigkeit. Stellen Sie sich vor, wie Sie alles gekauft haben, was Sie sich wünschen – und dann löschen Sie es wieder aus Ihren Gedanken. Stattdessen werden Sie das Geld in einen Urlaub versenken. Klingt der nun immer noch einladend?

Wenn Sie schließlich gedanklich bereit sind, ein Stubenhocker zu werden, haben Sie das Schlimmste überstanden und den Schritt in eine friedlichere Welt gemacht. Sie haben eine große psychologische Hürde genommen, der Rest ist ein Kinderspiel: Sie müssen fortan nur noch in Ihrer Stube hocken. Die Belohnungen, die Sie im Gegenzug erwarten, sind immens. Sie werden eine ganz neue Dimension der Ausgeglichenheit erreichen. Suchen Sie bevorzugt Kontakt zu Menschen, deren Anwesenheit Sie keine Energie, Nerven oder eine übermäßige Menge Fruchtgummi kostet. Durch den eingeschränkten Kontakt zu bestimmten Leuten wissen Sie eine angenehme Gesellschaft erst richtig zu schätzen. Sie leben im Hier und Jetzt statt im Weit weg und am Arsch der Welt.

Wenn Sie so weit sind, sich Stubenhocker zu nennen – gut gemacht! Aber es kann gerade am Anfang passieren, dass Sie das Gefühl haben, von Fernweh übermannt zu werden. Das sollten Sie nicht vollständig unterdrücken. So etwas macht nur krank. Aber Sie sollten auch nicht verreisen, nicht mal einen Nachmittagsausflug anpeilen – Sie würden nur in alte Muster verfallen. Ein Wochenendtrip zum Baggersee ist doch nichts, sagen Sie sich vielleicht. Doch kaum haben Sie damit wieder angefangen, brauchen Sie einen größeren Kick – und finden sich in Nullkommanichts auf einem Liegestuhl unter südlicher Sonne wieder. Und verzweifeln, weil Sie so schwach waren.

Eine gute Heilmethode ist es, eine dieser kommerziellen Reise-Diashows von irgendwelchen Angebern anzuschauen, die sich angewöhnt haben, bei ihrer Gondelei durch die Weltgeschichte einen riesigen Fotoapparat mit sich rumzuschleppen. Da das potenzielle Publikum beim Vortrag nicht vollständig wegdämmern soll, reisen diese Leute natürlich in schwer zugängliches Gebiet, um den Eindruck zu erwecken, sie seien die erste zivilisierte Person, die an diesen Ort gekommen ist. Da solche Events in jeder deutschen Kleinstadt an jedem zweiten Tag stattfinden, muss an diesen fernen Orten offenbar ein ziemliches Gedrängel herrschen.

In Großstädten werden solche Vorträge übrigens nicht gehalten. Es gibt dort genügend ehemalige Bewohner jeder ach so exotischen Region, und die sind alle heilfroh, nun von dort weg und Stubenhocker geworden zu sein.

Stubenhocken für Fortgeschrittene

Wenn Sie sich schließlich als Stubenhocker etabliert haben und nicht mehr von dauernder Unruhe geplagt werden, können Sie die nächste Stufe zünden. Sie sind nicht mehr weit vom Stubenhocker-Nirwana entfernt! Doch neben den äußeren Dingen, denen wir uns im nächsten Kapitel widmen, gilt es zunächst, Ihre Einstellung zu justieren.

Anfangs werden Sie den Drang verspüren, sich für das Stubenhocken zu rechtfertigen. Sie werden beobachten, dass Ihre Freunde hinter Ihrem Rücken lästern und Verständnis

heucheln, während sie in Wirklichkeit am liebsten die Weiß-
kittel mit dem großen Käscher rufen würden. Sie können be-
teuern, dass es Ihnen gut geht, sooft Sie wollen – es wird Ihnen niemand abkaufen, dass Sie freiwillig zum Stubenhocker
mutiert sind.

Umso wichtiger ist es, dass Sie aus Ihrer Gesinnung kein
Geheimnis machen. Konfrontieren Sie Ihre Freunde mit ihren ausgesprochenen oder heimlichen Vorwürfen. Weisen
Sie darauf hin, dass die größten Denker aller Zeiten ausge-
sprochene Stubenhocker waren und dass Stubenhocker nicht
in den Krieg ziehen (sie müssten dazu schließlich ihre Wohnung verlassen). Ja, eine Welt voller Couch-Potatoes wäre
eine friedliche Welt. Von ihrer Ökobilanz ganz zu schweigen!

Bleiben Sie stark. Ihre Freunde werden sagen, dass das bei
Ihnen nur eine vorübergehende Phase ist. Sie werden mut-
maßen, dass Sie unter Depressionen leiden. Beweisen Sie ihnen, dass es nicht so ist. Führen Sie ein erfülltes Leben mit
der neu gewonnenen Freiheit, nicht mehr mit Urlaubserlebnissen um Aufmerksamkeit buhlen zu müssen.

Ihre Freunde könnten versuchen, harte Maßnahmen zu
ergreifen und Sie zu einem Ausflug mitnehmen zu wollen.
Kaufen Sie im Baumarkt verschiedene Fahrradschlösser, und
ketten Sie sich an Ihre Couch.

Sport für Stubenhocker

Stubenhocken ist nicht für jedermann. Es ist vor allem eine
Art von Tätigkeit, die man nicht untrainiert versuchen sollte.
Durch langfristiges Stubenhocken wird Ihr Körper aufs Äußerste beansprucht. Es besteht die Gefahr, dass Ihre Muskeln
verkümmern, wie bei den Astronauten auf der ISS, diesen
beneidenswerten Weltall-Stubenhockern. Daher sollten Sie

darauf achten, dass Sie auch als Stubenhocker fit bleiben. Doch welche Möglichkeiten kommen da infrage?

- Mannschaftssportarten: Fußball, Basketball, Volleyball, Eishockey – alles keine Optionen. Sie müssen sich an feste Zeiten halten, das Haus verlassen, sich mit anderen Leuten arrangieren. Außerdem ist der Leistungsdruck in der Gruppe gleich viel höher. Von der Verletzungsgefahr durch Schläger, Bälle und die Extremitäten der Mitspieler ganz zu schweigen.

- Fitnessstudio: Das genaue Gegenteil eines Ortes, an dem man sich als Stubenhocker wohlfühlt. Auf engstem Raum drängeln sich schwitzende Menschen, die sich im Spiegel bewundern und von Trainern anbrüllen lassen. Außerdem kostet der Monatsbeitrag so viel wie ein Rudel japanischer Zierfische.

- Schwimmen: Siehe Fitnessstudio, nur im Wasser, was die Sache gleich noch unangenehmer macht.

- Golf: Ist an sich kein Sport und sollten Sie schon aus Imagegründen nicht in Betracht ziehen.

- Skifahren: Ist nicht akzeptabel, weil Saisonsport oder i.d.R. nur in Verbindung mit einem Urlaub möglich.

- Joggen: Für Stubenhocker vergleichsweise interessant. Man ist zeitlich unabhängig, muss nicht mit oder gegen andere laufen, kann seinen eigenen Rhythmus finden, und wenn man die Mütze tief ins Gesicht zieht, erkennt einen niemand.

- Fahrradfahren/Mountainbiking: siehe Joggen – durchaus möglich. Allerdings sind hier die Reflexe wichtiger als beim Joggen, und damit haben es Stubenhocker nicht unbedingt so. Das gilt auch für Inlineskating. Alles nur den Stubenhockern zu empfehlen, die eine gewisse Grundform mitbringen.

- Die einfachste Lösung ist, den Sport in die eigene Bude zu verlegen, in Form eines Ergometers, Laufbandes oder Steppers. Sport treiben, ohne sich vom Fleck zu bewegen – was will man mehr?

Stubenhocker und Beziehungen:
Zwischen Seelenverwandtschaft und Kompromiss

Als Single ist die Urlaubsnichtplanung natürlich deutlich einfacher, als wenn Sie die Interessen eines Partners mit in Betracht ziehen müssen oder auch noch Kinder haben, die erstaunlich früh eigene Ansprüche an ein Urlaubsziel anmelden.

Wenn Sie eine mögliche Partnerin/einen möglichen Partner kennenlernen und vielleicht eine sanfte Beziehung beginnen, werden Sie bald Unterschiede in der Denkweise und der Weltsicht feststellen. Das kann die religiöse Einstellung sein, die politische Überzeugung oder die Bevorzugung einer bestimmten Art von Bettwäsche. Doch der größte Test der jungen Liebe ist, ob Sie beide im Hinblick aufs Stubenhocken kompatibel sind:

Die Partnerin/der Partner ist ebenso Stubenhocker

Herzlichen Glückwunsch! Diese Beziehung steht unter einem guten Stern. Sie müssen sich niemals langwierig erklären. In Situationen, in denen Sie eine Reise vermeiden wollen, können Sie sich gegenseitig den Rücken freihalten. Und wenn Sie doch verreisen müssen, lässt sich diese Bürde gemeinsam schultern. Bei erfolgreicher Reisevermeidung sitzen Sie zu zweit auf dem Sofa und genießen jeden Augenblick.

Die Partnerin/der Partner
ist dem Reisen nicht abgeneigt

Hier ist von Ihnen schon ein wenig Toleranz und Opferbereitschaft gefragt. Um gelegentliche Ausflüge kommen Sie wohl nicht herum, doch Sie können Ihrerseits auf genug Verständnis hoffen, dass es dabei nicht zu weit geht. In dieser Beziehung müssen Sie immerzu die individuellen Bedürfnisse kommunizieren und anpassen. Das kann mitunter anstrengend sein, sollte aber kein k.o.-Kriterium darstellen.

Die Partnerin/der Partner ist reisesüchtig

Dies werden Sie vermutlich sehr früh in Ihrer Beziehung feststellen. Wahrscheinlich sind Sie dann versucht, die Flinte ins Korn zu werfen und nach einer Person zu suchen, die eher auf Ihrer Wellenlänge schwimmt. Doch das sollten Sie nicht reflexhaft tun. Sicher, Sie werden Opfer bringen müssen: Entweder Sie gehen mit auf die Reisen der Partnerin/des Partners, oder Sie lassen sie/ihn alleine bzw. mit Freunden verreisen. Versuchen Sie nicht, sie/ihn umzupolen, das würde nur für ein abruptes Ende der Beziehung sorgen. Entweder sie/er merkt selbst irgendwann, dass Stubenhocken das einzig Wahre ist – oder nicht. Immerhin haben Sie dann oft das Sofa für sich alleine.

2

Das Gute
liegt so nah

Stubenhocker fühlen sich – natürlich – zu Hause am wohlsten, in den eigenen vier Wänden. Und das funktioniert nur, wenn diese eigenen vier Wände gemütlich und liebevoll eingerichtet sind. Eine Stubenhockerwohnung ist praktisch und funktional und spiegelt den Charakter der Person wider, die darin wohnt. Ein Bücherliebhaber richtet sie nach der Auffindbarkeit von Büchern aus. Ein Multimediafan sucht die perfekte Position für jede Art von Bildschirmen und Soundanlagen. Ein Minimalist sammelt überhaupt nichts an. Achten Sie darauf, mit Ihrer Wohnung nicht in den Verdacht zu geraten, ein Messie zu sein. Schließlich haben Sie sich nicht etwa von der Welt abgewendet, sondern versuchen nur, einen gesunden Abstand zu ihr einzuhalten. Wenn Sie unbedingt Ihre Tageszeitungen, ausgestopften Habichte oder Steinproben der näheren Umgebung sammeln wollen, sollten Sie das nicht in Ihrer Wohnung tun, sondern dafür einen Lagerraum anmieten (oder den Keller zweckentfremden). Außerdem ist anzuraten, regelmäßig zu lüften und ruhig auch mal direkte Sonneneinstrahlung zuzulassen, sonst könnten paranoid-fantasievolle Nachbarn Sie für einen Vampir halten, was für alle Beteiligten sehr peinlich werden kann.

Eine Stubenhockerwohnung muss einfach funktionieren. Nichts darf dem Zufall überlassen werden. Gewöhnen Sie sich an, jeden Tag nach Schwachstellen in Ihrem Tagesablauf und der Infrastruktur in Ihrer Wohnung zu suchen und diese auszumerzen. Jedes Detail lässt sich optimieren, bis Sie einen geradezu automatisierten, reibungslosen Alltag erreicht haben, frei von äußeren Störungen. Das sollte Ihr Ziel sein.

Die Stubenhocker-Checkliste

Folgende Dinge sollten Sie grundsätzlich in Ihrer Wohnung haben:

- Smartphone. Es sollte immer geladen sein. Verlassen Sie NIE Ihre Wohnung ohne das Gerät oder mit nur halb geladenem Akku. Verschieben Sie gegebenenfalls einen Termin, um es 100% aufzuladen. Nutzen Sie auch unterwegs jede freie Steckdose. Das Smartphone ist Ihr wertvollster Besitz, wenn Sie draußen unterwegs sind: Es sagt Ihnen, wo Sie sich aufhalten, wie Sie wieder von dort verschwinden können und wo die nächste Bushaltestelle ist. Es ruft Ihnen ein Taxi. Sie können damit Musik hören, Filme anschauen, Bücher lesen und Kontakt zu anderen Menschen halten, ohne in deren Nähe zu sein. Vielleicht verweigern Sie sich moderner Technik oder haben noch ein altes Handy (so eins mit Tasten) – überwinden Sie Ihren Widerwillen, und schaffen Sie sich ein Smartphone an. Es ist Ihre Oase im Hosentaschenformat in einer Welt des Wahnsinns.
- Zweithandy. Verkaufen Sie nicht Ihr altes Handy (so eins mit Tasten). Legen Sie eine Prepaid-SIM-Karte ein, laden Sie es auf – und legen Sie es ausgeschaltet in die Schublade. So können Sie es zur Hand nehmen, wenn das Festnetz und Ihr Smartphone kaputt sind, Stromausfall herrscht oder vergleichbare Apokalypsen geschehen, Sie aber eine Pizza bestellen möchten.

- BahnCard. Sie werden sich fragen, warum – denn eine BahnCard braucht doch jemand, der verreist, und nicht etwa ein Reiseverweigerer. Aber als BahnCard-Kunde haben Sie bessere Stornierungsmöglichkeiten, von denen Sie unbedingt Gebrauch machen sollten! So können Sie sich überreden lassen, wenn Freunde Sie dringend auf einen spontanen Ausflug mitnehmen möchten und ein Ticket für Sie mitbuchen – und es ohne große Folgen kurz vorher stornieren, weil leider ein unaufschiebbarer Termin (Zahnarzt, Frisör, Wasserbehörde) dazwischengekommen ist. Reisevermeidung per Bahn wird durch eine BahnCard leichter und günstiger!
- Konservendosen und Tiefkühlgerichte. Falls es Sie überkommt und Sie einige Zeit GAR KEINEN Fuß vor die Tür setzen möchten, sollten Sie immer haltbares Essen in der Vorratskammer haben. Auch wegen Sintfluten, Vulkanausbrüchen, weltweiten Epidemien oder allgemeiner Unlust.
- Medikamente. Für jede Art Gebrechen empfiehlt es sich, immer ein Mittelchen zu Hause zu haben. Der Gang zur Apotheke wäre ansonsten genau dann nötig, wenn – exakt – es Ihnen so richtig dreckig geht. Und mit angegriffener Gesundheit möchte man alles tun, außer vor die Tür zu gehen. Machen Sie es wie eine Katze: Wenn Sie krank sind, ziehen Sie sich zurück und kommen erst wieder raus, wenn es Ihnen besser geht. Da Sie nicht ausschließlich auf Ihre Selbstheilungskräfte vertrauen sollten, dürfen Sie dann auch zu Mittelchen greifen.
- Anrufbeantworter. Wenn Sie keinen haben und das Telefon ignorieren, wird es mit großer Wahrscheinlichkeit Leute geben, die sich um Sie Sorgen machen – und dann plötzlich vor Ihrer Tür stehen. Schaffen Sie Abhilfe, indem Sie sich einen Anrufbeantworter zulegen. Sprechen Sie alle

paar Tage eine neue Nachricht drauf, dann weiß Ihr Umfeld, dass Sie noch am Leben sind. Ergänzend können Sie auch regelmäßig Status-Updates in sozialen Netzwerken abgeben.

Lob der Routine

Was gibt es Schöneres, als am Abend bei einem Glas Whisky auf den Tag zurückzublicken und festzustellen: Es gab keine Probleme, keine Reibungen, keinen Ärger. So einen Zustand erreichen Sie nur, wenn Sie dafür sorgen können, dass alles so abläuft, wie Sie es planen – also indem Sie selbst für die Routine sorgen. Sicher, nicht alles lässt sich beeinflussen: Das Wetter unterliegt nicht Ihrer Kontrolle, genauso wenig wie die Fahrpläne der Bahn und die Verkehrslage auf den Straßen (wie Sie mit der Unbill des Reisens selbst umgehen, erfahren Sie weiter hinten in diesem Buch).

Wenn Sie das Stubenhocken noch nicht ganz verinnerlicht haben, werden Sie sich fragen: Warum sollte ich so etwas tun? Ist nicht gerade das Unerwartete das Spannende am Leben? Keine Frage, das ist ja auch ganz richtig. Und da Sie Ihr Leben nicht zu 100% kontrollieren können, wird es noch genügend Überraschungen geben. Aber klingt es nicht ungeheuer beruhigend, wenigstens einen großen Teil des Lebens im Griff zu haben? Aus dieser Gewissheit können Sie Selbstsicherheit und Zufriedenheit ziehen.

Denn die Alternative wäre CHAOS! Was für eine erschreckende Vorstellung, einfach so in den Tag hineinzuleben! Routine ist das Gegengift, und Sie können Ihr Leben so gestalten, dass Sie zumindest die beruhigende Illusion von Kontrolle in sich tragen.

Ihre Welt

Zwei Bereiche wollen von einem Stubenhocker konsequent gepflegt und optimiert werden: die eigene Wohnung und die unmittelbare Umgebung (also alles, was man innerhalb von 10 Minuten erreichen kann).

Die eigene Wohnung

Ihre Wohnung muss so perfekt gestaltet sein, dass Sie sich wie im Schlaf darin orientieren können. Und das sollten Sie sich selbst beweisen! Verbinden Sie sich die Augen, und erledigen Sie ganz alltägliche Dinge: Gehen Sie duschen, kochen Sie ein leckeres Essen, putzen Sie von außen die Fenster. Wenn Ihnen alles locker von der Hand geht, haben Sie die ideale Wohnsituation geschaffen! Leichtere Verletzungen sind zu ignorieren, aber Verbrennungen ab dem 2. Grad, Knochenbrüche oder wenn Sie sich auf der Straße oder in der Nachbarwohnung wiederfinden, sind ein Indiz dafür, dass Sie noch etwas an Ihrer Wohnung arbeiten müssen.

Bedenken Sie beim Aufbau der Wohnung immer die Heilige Vierfaltigkeit: Bett – Sofa – Badezimmer – Küche. Zwischen diesen Orten dürfen die Wege nicht zu lang und verschachtelt sein, wie Fluchtwege in öffentlichen Gebäuden. Ihr Bett sollte an einer Stelle stehen, die nicht von Morgensonne beeinträchtigt wird. Falls Lichteinfall nicht vermeidbar ist, können Sie blickdichte Vorhänge im Baumarkt erwerben. Stellen Sie sich Ihr Badezimmer wie einen Kokon innerhalb eines Kokons vor – es ist der ultimative Rückzugsort für Sie, Ihr persönlicher Wellnesstempel. Ihre Küche wiederum sollte je nach Belieben ein auf Effizienz getrimmter Raum sein oder ein Ort, an dem Sie stundenlang kulinarische Höchstleistungen vollbringen können.

Befassen Sie sich mit Automatisierung. Gerade moderne Smartphones ermöglichen Ihnen, per Bluetooth und entsprechender App sämtliche Gerätschaften in Ihrem Haushalt zu steuern und zu automatisieren. Sie werden das Gefühl haben, Ihre Wohnung perfekt im Griff zu haben!

Die Couch

Als Herzstück Ihres Lebens gebührt ihr ein zentraler Platz in Ihrer Wohnung. Sie sollte alle Besucher beeindrucken und Ihnen das Höchstmaß an Entspannung garantieren. Gestalten Sie Ihr Sofa ruhig wie einen Thron, wie einen Kommandosessel. Sorgen Sie für genug Ablagefläche in Griffweite für Essen, Trinken, Fernbedienungen. Bedenken Sie, wie viel Zeit Sie an dieser Stelle verbringen werden, hier im Epizentrum Ihres Lebens!

Nehmen Sie sich Muße bei der Auswahl Ihrer Couch. Sie kennen sicher die vielen Tipps, die Ihnen beim Matratzenkauf gegeben werden, nämlich dass Sie lange probeliegen und vergleichen sollten, um den idealen Härtegrad für Ihre Wirbelsäule festzustellen. Das gilt exakt so auch für Ihr Sofa. Testen Sie die Kandidaten ausführlich im Sitzen und Liegen. Messen Sie mit der Wasserwaage nach, ob die Polster eben sind. Prüfen Sie den Winkel der Rückenlehne. Der Stoff sollte sich angenehm anfühlen – nicht zu rau, nicht zu weich. Die Ausmaße des Sofas sollten perfekt auf das Zimmer abgestimmt sein. Legen Sie schon vorher das Erscheinungsbild fest: eine einfache Couch, oder lieber eine, die sich wie ein L biegt, oder etwas Extravagantes und Raumgreifendes in Form einer Wabe, eines Herzens oder eines Parallelogramms? Solange die Couch ins Wohnzimmer passt, sind Ihrer Fantasie keine Grenzen gesetzt.

Vertrauen Sie auf Ihr Bauchgefühl. Ihr Sofa und Sie sind

füreinander geschaffen. Das werden Sie schon in dem Augenblick merken, in dem Sie auf seine Polster darniedersinken. Wenn Sie das richtige Modell gefunden haben, werden Sie sofort eins mit dem Sofa und haben das Gefühl, sich schon ewig zu kennen. Am liebsten möchten Sie es sich sofort einpacken lassen, weil Sie der Gedanke traurig macht, dass das Sofa noch eine Nacht in diesem herzlosen Möbelhaus verbringen muss, statt an dem Ort, an den es gehört: in Ihrem Wohnzimmer.

Die nähere Umgebung

Was die grundlegende Infrastruktur angeht, hat man als Stubenhocker zwei Möglichkeiten:

- Sie wählen ein Dasein als Eremit, wohnen weitab jeder Zivilisation – und sind völlig zufrieden damit. Dass die Eigenversorgung dann immer zu einer echten Reise wird, ist der Nachteil, den man in Kauf nehmen muss. Aber das hat andererseits den Vorteil, netto weniger Zeit außer Haus verbringen zu müssen. Die Besorgungsfahrt ist dann eben etwas aufwändiger und härter, aber wenigstens detailliert planbar – und Sie können sich mental und physisch darauf vorbereiten, wenn Ihre Vorräte zur Neige gehen, statt täglich für Nachschub sorgen zu müssen.

- Sie achten bei der Wahl der Wohnung darauf, dass Dinge des täglichen Gebrauchs nicht weiter als 10 Minuten entfernt sind. Das gilt für Wege zu Fuß, mit dem Auto oder mit öffentlichen Verkehrsmitteln. Als Stubenhocker ist es nicht Ihr Ziel, dort zu wohnen, »wo das Leben ist«. Für Sie ist das ein Euphemismus für Gejohle, quietschende Reifen und vollgereiherte Bürgersteige (also der pure Horror). Nein, Ihnen sollte es bei einer Stadtwohnung darum gehen, alle Einkaufsmöglichkeiten in unmittelbarer Nähe zu haben. Machen Sie sich vorher klar, was genau Sie in der Nähe brauchen, und ziehen Sie langfristige Änderungen der örtlichen Infrastruktur in Betracht. Schauen Sie sich als Interessent also nicht nur die Wohnung an, sondern auch die umliegenden Straßen. Kartografieren Sie die Einkaufsmöglichkeiten, und messen Sie die Entfernungen. Bei innerstädtischen Wohnungen ist aber gleichzeitig darauf zu achten, dass die Wege aus der Stadt nicht zu langwierig oder verschachtelt sind, ansonsten dauert das Zurücklegen einer unumgänglichen Reise zu lang.

Egal, ob Sie letzten Endes weit draußen oder mitten in der Stadt wohnen – ein Besorgungsgang wird Ihre Nerven auf eine harte Probe stellen und auch Ihren Körper an seine Grenzen bringen. Einen Einkauf sollten Sie wie einen Tauchgang sehen: Ihre Wohnung ist das U-Boot, Ihr Hauptquartier – der Ort, an dem es Luft und Leben gibt. Wenn Sie ihn verlassen, sollten Sie immer wissen, wo er sich befindet und wie Sie ohne Umwege wieder dorthin zurückkehren können, bevor Ihnen die Luft ausgeht. Und Sie sollten darauf achten, sich nirgendwo zu verheddern.

Essenziell ist natürlich, dass Sie für den Einkauf den nächstgelegenen Supermarkt ansteuern. Halten Sie sich von irgendwelchen Werbeblättchen fern, die Sie mit günstigen Angeboten locken wollen. Es ist selbstredend kompletter Irrsinn, einen längeren Weg auf sich zu nehmen, um dann beim Glas eingelegte Gurken 15 Cent zu sparen. Was ist Ihnen wichtiger? Billige Gurken oder Ihre geistige Gesundheit?

Ihre Einkaufstour will gut geplant sein. Im Supermarkt können Sie bei schlechter Vorbereitung unnötig viel Zeit verbringen. So mancher Stubenhocker soll schon bei einer überlangen Schlange verzweifelt die Schokoriegel an der

Kasse verschlungen haben, um nicht wegen Unterzuckerung umzukippen. Die beste Zeit für den Einkauf ist kurz nach Ladenöffnung. Die ersten 30 Minuten ist ein Supermarkt generell noch recht leer. Allerdings sollten Sie nicht direkt zur Ladenöffnung parat stehen – da drücken sich noch die Kampfrentner wie Zombies gegen die geschlossenen Glastüren. Kommen Sie ein paar Minuten später – aber nicht ZU spät, sonst herrscht schon der normale Morgenbetrieb. Des Weiteren können Sie Ihren Einkauf optimieren, indem Sie vorher die ideale Route durch den Supermarkt festlegen. Schreiben Sie nicht einfach nur einen Einkaufszettel – skizzieren Sie die Anordnung der Regale, und markieren Sie darin die Waren, die Sie kaufen möchten. Fragen Sie die Marktleitung nach einem Lageplan. Vermeiden Sie unnötige Wege und Sackgassen. Erfassen Sie mögliche Engstellen, und beachten Sie dabei auch die aktuellen Sonderangebote, vor denen sich zwangsläufig Rudel bilden, manchmal schon morgens um 7, wenn die Angebote besonders radikal sind. Machen Sie der Marktleitung schriftliche Vorschläge, wie der Regalaufbau optimiert werden kann. Gehen Sie zügig durch den Supermarkt. Vertrödeln Sie Ihre kostbare Zeit nicht mit Experimenten, sondern greifen Sie zu vertrauten und bewährten Waren. Halten Sie an der Kasse Ihre EC-Karte griffbereit, und wehren Sie jeden Small-Talk-Versuch des Verkaufspersonals mit einem Verweis auf die Uhrzeit ab.

Sollten Sie keinen Supermarkt oder sonstige Einkaufsgelegenheiten in der Nähe haben, aber Ihre jetzige Wohnung derart lieben, dass ein Umzug keine Option ist, müssen Sie nicht schwarz sehen – Sie haben viele Möglichkeiten, trotz dieser Einschränkung ein erfülltes Stubenhockerleben zu führen:

- Das Internet ist Ihr Freund! Sie können dort inzwischen alles bestellen, sogar Wurstwaren, Hygieneartikel und diese Kaubonbons, die sich auch als Spachtelmasse verwenden lassen. Alles wird Ihnen direkt an die Tür geliefert. Und Sie können sich sogar beim Internetladen Ihres Vertrauens nach dem Einkauf detailliert über jeden Artikel auslassen. Außerdem bietet Ihnen das Netz natürlich endlose Möglichkeiten, mit Gleichgesinnten in Kontakt zu bleiben, ohne diese irgendwo dort draußen treffen zu müssen (siehe nächstes Kapitel).

- Heuern Sie jemanden an, der für Sie einkaufen geht! So können Sie sicher sein, dass Sie immer frische und von Hand ausgewählte Waren bekommen. Viele Händler vor Ort bieten Lieferdienste an, doch die sind meistens nicht sehr flexibel und zudem teuer. Besser ist es, wenn Sie selbst jemanden zur Hand haben, der alles für Sie besorgt. Das sollte natürlich eine in jeder Hinsicht zuverlässige Person sein. Erklärt sich in Ihrem unmittelbaren Familien- oder Bekanntenkreis niemand freiwillig dazu bereit, müssen Sie wohl oder übel investieren und jemanden anheuern. Von Schülern sollten Sie absehen. Die sind i.d.R. zu unaufmerksam und überdreht, um Ihnen genau die Dinge zu kaufen, die Sie benötigen. Außerdem würden sie der Verantwortung nicht gewachsen sein und sich mit dem Geld aus dem Staub machen. Greifen Sie lieber auf Studenten zurück. Allerdings ist entscheidend, aus welcher Fachrichtung sie kommen. Diejenigen, die Soziologie studieren, können Sie gleich vergessen – die werden Sie nur überreden wollen, Bio-Artikel zu kaufen. BWL-Studenten sind auch nicht zu empfehlen – sie werden eifriger als der durchschnittliche deutsche Rentner die Sonderangebote durchforsten und die halbe Stadt abfahren, um Ihnen die eingelegten Gurken zu kaufen, die 15 Cent günstiger sind, außerdem wollen sie am liebsten Ihre ganze Buchhaltung übernehmen. Mathematiker werden Ihre Einkäufe statistisch aufarbeiten wollen, Biologen und Chemiker Ihnen zu sehr ins Gewissen reden, was Gentechnik und Geschmacksverstärker angeht, Theologen sind nur zum Fischkauf zu gebrauchen, Juristen fallen aus Prinzip weg. Studenten der Literatur und Kunst sind von Haus aus unzuverlässig, sonst hätten sie ein richtiges Fach gewählt. Nein, nur aus einer Studentenschaft sollten Sie rekrutieren: Mediziner! Welche Medizin es ist, spielt keine Rolle, solange Homöopathie, Tanztherapie oder Kristallmassage außen vor bleiben. Denn Mediziner sind Entbehrungen, unmenschlichen Leistungsdruck und härteste Auslese gewohnt. Ihre mannigfaltigen Ansprüche als Konsument und Stubenhocker zu erfüllen ist für einen Medizinstudenten wie ein bezahlter Kurzurlaub. (Pharmazeuten sollten Sie dabei ausklammern – wer möchte sich schon freiwillig mit angehenden Drogendealern abgeben?)

- Wenn Sie weitere Wege zurücklegen müssen, ist ein Einkauf generalstabsmäßig zu planen. Lesen Sie zur Vorbereitung verschiedene Standardwerke über Kriegsführung mit Schwerpunkt Eroberungsfeldzug. Sie werden alle wichtigen Punkte lernen: Wie man Nachschubwege organisiert, in welchen Wellen man vorrückt, wie die Kommunikation zu laufen hat. Unterscheiden Sie zwischen Erkundungsvorstößen, Undercover-Einsätzen und Stoßtrupps. Haben Sie Geduld, erkunden Sie das Gelände und die Widrigkeiten, bevor Sie wirklich loslegen. An Tag X muss alles perfekt ablaufen, damit Sie danach nicht tagelang in einem Wachkoma liegen und sich von den Schrecken des Konsumkrieges erholen müssen.

Improvisationskünste

Bei aller Vorbereitung kann es immer wieder geschehen, dass der Alltag nicht wie gewohnt funktioniert. Für einen Stubenhocker ist das natürlich der Horror schlechthin, wenn trotz aller Bemühungen etwas nicht planmäßig läuft. Auch wenn es nicht in der Natur des Stubenhockers liegt – dann muss improvisiert werden:

Ein Zug hat Verspätung

Sie verfallen NICHT in Panik, sondern prüfen auf Ihrem Smartphone in Echtzeit, wo sich der Zug befindet und wie lange es tatsächlich noch dauert, bis er ankommt. Sie evaluieren alternative Routen, schauen nach Anschlusszügen, wägen den Umstieg aufs Auto und Mitfahrgelegenheiten ab. Dabei beachten Sie auch aktuelle Staumeldungen. Sie prüfen die Wetterverhältnisse und projizieren Unwägbarkeiten.

Passen Sie nur auf, dass Sie dabei nicht die Ein- und Abfahrt Ihres eigentlichen Zuges verpassen. Aber falls das doch passiert: Checken Sie auf Ihrem Smartphone in Echtzeit, wann der nächste Zug eintrifft …

Wegen Inventur hat der Supermarkt geschlossen

Sie verfallen NICHT in Panik, sondern steuern den nächstgelegenen Supermarkt an. Weil alle aus der näheren Umgebung dort hingehen müssen, herrscht natürlich Hochbetrieb. Ihren Einkaufszettel werden Sie nicht abarbeiten können – Sie wissen nicht, wo die ganzen Waren zu finden sind und was die beste Route durch diesen Supermarkt wäre. Überhaupt sind Sie schon viel zu lange draußen unterwegs und möchten dringend wieder nach Hause. Also drehen Sie nur EINE Runde durch diesen Supermarkt und versuchen zu greifen, was Sie können. Drehen Sie nicht um, drehen Sie nicht durch! Was an Ihnen vorbeirauscht, ist unwiederbringlich verloren. Halten Sie sich auf Spur, greifen Sie konsequent zu, und haben Sie keine Angst, Bremser aus dem Weg zu rempeln. Auf diese Weise werden Sie den Supermarkt mindestens mit Tiefkühllasagne, Klosteinen, einem Glas billiger Gewürzgurken und einem Magazin über Traktoren verlassen – also genug, um in Ihrer Wohnung zu überleben, bis Ihr Stammsupermarkt seine Pforten wieder geöffnet hat.

Das Wasser wird abgedreht

Sie verfallen NICHT in Panik, sondern füllen sofort alle verfügbaren Kochtöpfe und Eimer mit Wasser, solange es noch läuft. Außerdem duschen Sie so schnell wie möglich. Wenn das Wasser dann tatsächlich abgedreht ist, leben Sie primär von Tiefkühlgerichten, die ohne Wasser auskommen, um Ihre Reserven nicht anzubrechen. Läuft das Wasser wieder, gießen Sie Ihre Kakteen mit dem gesammelten Vorrat. Bleibt das Wasser mehrere Tage abgedreht und die Eimer sind aufgebraucht, können Sie auch leicht mit Mineralwasser aus Flaschen duschen. Ganz zur Not auch mit Limonade – das spart sogar Duschgel.

Stromausfall

Sie verfallen NICHT in Panik, sondern … ach, machen wir uns nichts vor. Ohne Strom kommen Sie nicht ins Internet, denn selbst wenn der Notebook-Akku geladen ist, hat Ihr Router keinen Saft. Also verfallen Sie ruhig in Panik. Ziehen Sie sich aus, rennen Sie nackt durch die Wohnung, und brüllen Sie: »WIR MÜSSEN ALLE STERBEN!« in die Dunkelheit und ruhig auch hinaus auf die Straße. Prüfen Sie panisch die Ladung Ihres Smartphones, und konservieren Sie die Restenergie, solange Sie können, denn das Gerät ist Ihre letzte Anbindung an die Außenwelt. Wenn Sie auf Nummer sicher gehen wollen, sollten Sie sich einen UMTS-Stick und ein Notaggregat anschaffen. Und so viele billige Gewürzgurken wie möglich.

3

Das asoziale Netzwerk

Viele Menschen sind Stubenhocker, leben aber in einem Zustand der Selbsttäuschung. Äußere Umstände zwingen sie, sich widernatürlich zu verhalten, entweder um dem Partner zu gefallen, dem Arbeitgeber oder den Eltern. Wenn man in seinem Alltag davon absieht, sich als Stubenhocker zu outen, weil man Repressalien fürchtet, sollte man sich in seiner Umgebung nach einer Stubenhocker-Selbsthilfegruppe umsehen oder kurzerhand eine gründen.

Eine solche Gruppe hat allerdings ein Problem: Sie ist nicht leicht ausfindig zu machen. Schließlich hängen Stubenhocker erstens ihren Lebensentwurf nicht an die große Glocke und zweitens treffen sie sich nur sehr unregelmäßig – dafür müsste man ja rausgehen!

Trotzdem: Umgeben Sie sich mit Gleichgesinnten, und sei es nur virtuell. Der Umgang mit ihnen ist leicht – Stubenhocker sind nicht beleidigt, wenn man ihnen sagt, dass es jetzt genug Gesellschaft war und sie gefälligst wieder nach Hause gehen sollen.

Stubenhocker erkennen

In freier Wildbahn werden Sie Stubenhocker leicht erkennen – vor allem daran, dass sie sich in jeder Situation im Hintergrund halten. In S-Bahn und Bus verkriechen sie sich am liebsten hinter einem Buch, oft haben sie zusätzlich Kopfhörer in den Ohren. Sie vermeiden Blickkontakt. Spricht man sie direkt an, entfernen sie sich oft eilig.

Denken Sie an sich selbst – Sie verhalten sich wahrscheinlich auch so. Und das ist ja auch das Angenehme an Stubenhockern: Sie machen in der Öffentlichkeit keinen Lärm, räumen immer hinter sich auf und sind niemandem im Weg. Sie wollen gar nicht im Mittelpunkt stehen, im Gegenteil. Und sie verabscheuen nichts mehr als Small Talk.

Deswegen können Sie sich ruhig bemühen, mit anderen Stubenhockern in Kontakt zu kommen. In der Gruppe sind Sie stark! Eine Ansammlung von Stubenhockern ist für extrovertierte Reisesüchtige ein Gräuel, denn tolle Erlebnisse von Weltreisen interessieren diese Gruppe nicht, sondern sorgen nur für amüsiertes Gekichere. Da Stubenhocker von Natur aus Gewohnheitstiere sind, sollten Sie während der Erledigung Ihrer Routine nach ihnen Ausschau halten. Wenn Sie immer an einem bestimmten Tag zu einer bestimmten Zeit einkaufen gehen, werden Sie bald merken, dass das auch andere tun. Das sind Seelenverwandte.

Mit etwas Glück ist der andere Stubenhocker so selbstsicher und souverän wie Sie. Dann erfasst er instinktiv, dass es sich bei Ihnen um einen ähnlichen Geist handelt. Es ist kein Problem, einen lockeren, freundlichen und unverbindlichen Kontakt aufzubauen. Niemand bemüht sich verkrampft um Small Talk, und Sie beide verstehen sich blind.

Aber es gibt auch Stubenhocker, die deutlich verschüchterter sind. Einem solchen sollten Sie sich vorsichtig nähern. Sie werden bemerken, dass sie oder er sich verkrampft und es in ihrem/seinem Hirn rattert, warum Sie auf sie/ihn aufmerksam geworden sind. Besonders scheue Stubenhocker nehmen selbst diesen Ansatz einer Kontaktaufnahme schon als Signal, schnell die Sachen zu packen und zu verschwinden. Lächeln Sie – aber zeigen Sie nicht zu viele Zähne dabei, es könnte als Drohgebärde aufgefasst werden. Sprechen Sie leise und ermutigend. Gehen Sie direkt auf etwas ein, was der Stubenhocker gerade tut. Das kann eine Nachfrage sein, worum es in seinem Buch geht, oder eine Lobpreisung der ruhigen Ecke, die er sich gesucht hat. Beziehen Sie die jeweilige Situation ein, in der Sie den Stubenhocker ansprechen – machen Sie aber niemals einen Hinweis auf das Wetter, auf den Verkehr oder aktuelle politische Ereignisse! Platitüden verschrecken einen Stubenhocker nur.

Außerdem sollten Sie vermeiden, dass die freundliche Kontaktaufnahme als plumpe Anmache interpretiert werden kann. Dass das trotzdem passiert, lässt sich nie ganz vermeiden, zumal weder Sie noch Ihr Gegenüber von den sexuellen Präferenzen des jeweils anderen Bescheid weiß. Halten Sie deswegen den Erstkontakt höflich und ruhig etwas distanziert ab – ein Beschnuppern eben, wenn es so etwas unter Stubenhockern gäbe, denn Stubenhocker beschnuppern sich (oder andere Leute) niemals vor dem achten Date.

Nach der ersten lockeren Kontaktaufnahme können sich unverbindliche Gespräche ergeben. Drängen Sie dabei nicht auf Freundschaft oder außerplanmäßige Treffen – manche Stubenhocker ändern lieber ihren gewohnten Tagesablauf, als dass sie sich in die Gefahr begeben, dauernd mit anderen Leuten in Kontakt sein zu müssen. Besser ist es, indirekten Kontakt über das Internet zu pflegen – sei es via E-Mail oder soziale Netzwerke. Bauen Sie Ihr eigenes *asoziales Netzwerk* auf, um sich mit anderen Stubenhockern austauschen zu können.

Der einfachste Weg, ein solches Netzwerk aufrechtzuerhalten, ist eine Gruppe oder ein Kreis in einem Online-Netzwerk Ihrer Wahl. Wichtig: Schließen Sie diese Gruppe, sodass die Öffentlichkeit nicht mitlesen kann. Das wollen Sie prinzipiell nicht, hier sollte es besonders beachtet werden. So können Sie ungestört mit Gleichgesinnten kommunizieren und sind vom Zwang der körperlichen Nähe entbunden.

Nicht-Aktivitäten gemeinsam gestalten

In der Gruppe machen viele Dinge einfach mehr Spaß – sogar das Alleinsein und das Nicht-Verreisen! Es ist eine schöne Abwechslung zu den Rechtfertigungen und Ausreden, die man als Stubenhocker aufbringen muss, wenn man mit Gleichgesinnten *nichts* unternimmt. Der Umgang mit anderen Stubenhockern ist kinderleicht. Selbst wenn man kurz vor einem Treffen sagt: »Nö, doch keine Lust« – dann ist ein anderer Stubenhocker verständnisvoll, ja vielleicht sogar erleichtert, während Nicht-Stubenhocker verschnupft reagieren und schlimmstenfalls nicht mehr den Kontakt zu Ihnen suchen (was Sie allerdings auch nicht in schlaflose Nächte treibt).

Rufen Sie einen Stubenhocker-Stammtisch ins Leben. Die Organisation lässt sich kinderleicht übers Internet erledigen, und schon die Vorbereitung kann ein großer Spaß sein. Suchen Sie eine Gaststätte, die für alle Teilnehmer leicht zu erreichen ist, deren Karte den unterschiedlichsten Geschmäckern zusagt und deren bauliche Gestaltung einen Rückzugsort bietet. Natürlich möchten Sie nicht umgeben von Partytouristen an einer Theke sitzen, sondern idealerweise in einem eigenen Raum oder wenigstens in einer Ecke. Verhören Sie also im Vorfeld den Besitzer, und machen Sie eine

Ortsbegehung. Zusätzlich sollten Sie Alternativen in der Hinterhand haben, also eine Liste von Gaststätten, die Sie außerdem ansteuern können. Erklären Sie dem Wirt, dass Sie länger brauchen, um auf der Karte etwas auszuwählen, weil Stubenhocker gern das Pro und Kontra aller Optionen abwägen, und planen Sie daher ein entsprechend großzügiges Trinkgeld ein.

Nun wäre ein Treffen in einer Wohnung eine Möglichkeit, die Gaststätte zu umgehen. Prinzipiell. Aber Stubenhocker sind naturgemäß schlechte Gastgeber. Sie sind nicht sonderlich angetan davon, fremde Menschen in den eigenen vier Wänden zu haben. Der Vorteil eines Treffens von Stubenhockern besteht jedoch darin, dass diese wissen, wie man sich als Gast zu benehmen hat. Sie machen keine despektierlichen Bemerkungen über die Vorhänge, rümpfen nicht die Nase über die Wahl des Geschirrs, stellen keine Ansprüche an bestimmte Standards bei der Verpflegung und sind allgemein zurückhaltend, höflich und gepflegt.

Wovon Sie als Stubenhocker-Gruppe natürlich unbedingt absehen sollten, sind Ausflüge. Sie würden ja auch nicht einem Golfclub beitreten, wenn Sie eine Allergie gegen kleine fliegende Bälle haben.

Wie man Reisesüchtige loswird

Wenn Sie von Reisesüchtigen bedrängt werden, mit ihnen etwas zu unternehmen, ist das asoziale Netzwerk Ihre Absicherung, Ihr Geheimbund, Ihr SEK. In Notlagen können Sie sich gegenseitig den Rücken freihalten. Das ist besonders dann wichtig, wenn ein Reisesüchtiger Sie zu einem Ausflug ver- oder auf eine Reise zu entführen versucht. Ihr asoziales Netzwerk hilft Ihnen, diesen schlechten Umgang zu vermeiden. Aber Sie müssen als Gruppe auch reagieren, wenn einer unter Ihnen Wahnvorstellungen über das Reisen entwickelt und das kollektive Gleichgewicht damit durcheinanderzubringen droht.

Zunächst sollten Sie auf die kleinen Warnzeichen achten:

- Das betreffende Mitglied lässt auffallend oft ohne ersichtlichen Grund das Wort »Fernweh« fallen.
- Sie/er preist die Vorzüge frischer Luft.
- Sie/er fängt an sich zu beschweren, dass die Gruppe immer das Gleiche macht.
- Bei Treffen strahlt sie/er ein gewisses Desinteresse aus.
- Wenn sie/er ein Treffen absagt, werden wortreiche Entschuldigungen geschwungen, statt einfach zu sagen: »Hatte keine Lust.«

Kein soziales Umfeld ist für die Ewigkeit. Sprechen Sie Ihre Beobachtungen offen an, statt zu versuchen, hinten rum mit den anderen Stubenhockern Ränke zu schmieden. Wahrscheinlich wird die oder der Betreffende alles abstreiten. Das ist normal. Ihre Ehrlichkeit wird ihr oder ihm jedoch die Augen öffnen. Seien Sie nicht überrascht, wenn es zum tränenreichen Zusammenbruch kommt. Für viele ist es ein Schock, sich eingestehen zu müssen, kein Stubenhocker mehr zu sein. Bleiben Sie verständnisvoll. Diese Person braucht nun Ihre Hilfe. Reiselust ist nicht etwas, das man sich aussucht – es ist eine Krankheit. Der Übergang zum Reisesüchtigen mag noch reversibel sein, doch Sie sollten nichts erzwingen. Manchen Menschen ist nicht zu helfen. Sie gehören nicht mehr zu Ihrer Gruppe. Lassen Sie sie ziehen. Es ist besser für alle Beteiligten.

Keine Gnade oder Verständnis sollten Sie jedoch zeigen, wenn sich jemand aus dem asozialen Netzwerk im Laufe der

Zeit verändert oder bewusst beschließt, kein Stubenhocker mehr sein zu wollen. Oft möchte derjenige dann auch gleich seine Gruppe auf die neue Linie bringen. Einige frischgebackene Reisesüchtige können und wollen nicht akzeptieren, dass es in ihrer Mitte Leute gibt, die nicht gern verreisen. Mit Eifer wollen sie diese vermeintlich verlorenen Seelen von den Wonnen des Reisens überzeugen und unterwandern von nun an gezielt die Stubenhocker-Treffen. Dabei fallen Sätze wie:

- »Habt ihr schon mal über fremde Länder nachgedacht?«
- »Ich möchte mit euch übers Bahnfahren reden.«
- »Seid ihr schon aus dem Alltag errettet worden?«
- »Gibt es nicht etwas hinter dem Horizont?«

VORSICHT! Lassen Sie sich von derartigen Sätzen nicht einlullen oder in eine Diskussion verwickeln. Weisen Sie solche Leute direkt vor die Tür. Nehmen Sie keine Reiseprospekte von ihnen an, und unterschreiben Sie nichts. Besonders fanatische Reisesüchtige (»Urlaubsfundamentalisten«) können sogar handgreiflich werden. Bei diesen Leuten ist alles verloren, sie brauchen ein völlig anderes soziales Umfeld. Eines, das gemeinsam in Urlaub fährt beispielsweise. Weit weg von Ihnen.

4

Der Reisevermeidungsführer: Wie man NICHT verreist

Nicht verreisen ist schwerer, als viele denken.

»Fahr halt nicht weg, wenn's dir keinen Spaß macht« – diesen Ratschlag hört man als Stubenhocker dauernd. Er rangiert ungefähr auf dem gleichen Niveau wie damals »Geh doch nicht nach drüben, wenn's dir hier gefällt«. Doch eine Reise abzulehnen und zu verhindern ist harte Arbeit, nicht nur wegen des im vorangegangenen Kapitel beschriebenen Rechtfertigungsdrucks, und scheitert oft auch an der Umsetzung. Einige Reisesüchtige können penetrant oder gerissen sein – oder beides. Bleiben Sie wachsam, bleiben Sie konsequent! Fahren Sie NICHT weg, und rechnen Sie immer damit, unvermittelt von Urlaubsfanatikern umzingelt und erpresst zu werden.

Psychoterror im Reisebüro

Wer sich ins Reisebüro begibt, kommt darin um … seinen Verstand. Die Strukturen eines Reisebüros sind so angelegt, dass Sie verführt werden, wider besseres Wissen eine Reise als attraktive Aussicht zu empfinden. Lassen Sie sich nicht vom Gerede über das Paradies täuschen. Werden Sie nicht zum Urlaubsmärtyrer!

Die Plakate außen sollten Ihnen Warnung genug sein. Sehen Sie all die schlanken Models, die sich in knallgelben Bade-sachen lachend durchs knietiefe Wasser jagen, dezent an Palmen lehnen oder ihren Kindern mit dem perfekten Gebiss die Ananas reichen?

Das sind nicht SIE! Sie werden in einer Bettenburg landen, Sie werden am Strand von Tuchverkäufern belästigt, Ihre Kinder werden Pommes essen (und der Sand wird an ihren Ketchupfingern kleben bleiben).

Sie können all das abwenden, indem Sie gut gerüstet in ein Reisebüro gehen. Das beginnt mit Ihrem Auftreten. Denn die Schergen hinter den Schaltern sind darauf trainiert, in Bruchteilen von Sekunden Ihre Schwächen zu finden und gnadenlos reinzustoßen. Sie wirken abgespannt, blass und urlaubsbedürftig? Das Reisebüro wird Sie einlullen, und am Ende dieses Marathons verbaler Diarrhöe werden Sie dankbar alles akzeptieren, was Ihnen nur Erholung und vor allem eine ruhige Minute verspricht. Bevor Sie ein Reisebüro aufsuchen, sollten Sie Ihre Ängste überwinden und wenigstens ein paar Tage oder gar Wochen in ein Solarium und Fitnessstudio gehen. Wenn Sie derart gestählt den Raum betreten, sehen Sie aus wie jemand, der gerade erst seinen letzten Urlaub hinter sich gebracht hat – jemand, der weit gereist ist und alle schönen Ecken dieser Welt kennt. Und der sich vor allem nicht übertölpeln lässt.

Achtung auch, wenn Sie mit Kindern in ein Reisebüro gehen. Haben Sie lebhaften Nachwuchs, wird das Reisebüro Ihnen eine sündhaft teure Ferienanlage verkaufen, die angeblich eine herausragende 24-stündige Kinderbetreuung hat. Beim Gedanken daran weinen Sie vor Glück – aber wenn Sie anreisen, stellen Sie fest, dass es sich beim Kinderparadies um ein abgezäuntes Gelände handelt, auf dem sonst Polizeihunde ausgebildet werden.

Kommen Sie am besten alleine, selbstsicher und demonstrativ kritisch ins Reisebüro. Halten Sie sich nicht mit Begrüßungsfloskeln auf. Stellen Sie Ihre Forderungen. Lassen Sie sich nicht von Alternativangeboten aus dem Konzept bringen. Halten Sie stets diese Sätze griffbereit:

- »Das hab ich im Netz schon billiger gesehen.«
- »Auf diesem einen Reiseportal haben die Leute dafür nur einen Stern gegeben.«
- »Nee, das ist voll mit deutschen Touristen.«
- »Also, ›naturbelassen‹ heißt nach meiner Erfahrung, dass man das fließende Wasser mit einem Eimer holen muss.«
- »Das ist der Preis fürs All-inclusive, oder? ODER?«
- »Wenn da auch noch neue Sommerreifen dabei wären, könnte ich mich mit dem Angebot anfreunden. Was lässt sich da machen?«
- »Zu DIESEN Hottentotten will ich nie wieder!«
- »Letztes Jahr hab ich dort meine Freundin gegen vier Kamele getauscht. Also, jetzt Exfreundin.«
- »Wie groß ist dieser Begrüßungscocktail denn, volumenspezifisch?«

Wenn Sie alle gefährlichen Gebiete eingegrenzt haben, alle Unwägbarkeiten eliminiert, dann können Sie vielleicht einen Urlaub finden, der zu bewältigen ist. Aber lassen Sie sich nicht zu einer Entscheidung drängen. Nehmen Sie sich ruhig noch die Zeit, die Angebote daheim in aller Ruhe im Netz zu vergleichen, bevor Sie buchen. Wer weiß, welch schreckliche Herberge Ihnen da angepriesen wurde! Gehen Sie erst zurück ins Reisebüro, wenn Sie sicher sind, dass das Angebot akzeptabel ist.

Der soziale Reisevermeider

Sei es auf Geburtstagen, in der Büroküche oder auf einer öffentlichen Toilette – immer wieder werden Sie sich unvermittelt in sozialen Situationen wiederfinden, in denen über das Reisen gesprochen wird. Und in den meisten Fällen wird jemand darunter sein, der stolz auf seinen Status als Reisesüchtiger ist und gern stundenlang berichten möchte, welche großartigen Erfahrungen er unterwegs gemacht hat. Sie selbst haben daran nicht das geringste Interesse und möchten diese Person zielgerichtet (gern auch ein wenig spöttisch) in die Schranken weisen. Oft müssen wenige Worte genügen. Wenn Sie offen gegen das Verreisen argumentieren, sollten Sie damit rechnen, als ein Mensch angesehen zu werden, der auch Hundewelpen oder Cocktails mit Schirmchen drin nicht mag. Legen Sie sich eine dicke Haut zu!

Sinnsprüche, gern auch ganz ohne Kontext in den Raum gestellt und mit bedeutungsvollem Nicken untermalt, sind immer hilfreich, beispielsweise: »Die Gänse mögen bis zum Meer fliegen, sie werden trotzdem nicht als Schwäne zurückkehren.« Dieser Spruch bietet sich vor allem an, wenn andere sich über ihre Reisen unterhalten. Verlassen Sie am besten den Raum, nachdem Sie den Vers eingeworfen haben, als ginge Sie das alles gar nichts an.

Wenn andere vom heimeligen Gefühl reden, das sie an ihrem Reiseziel hatten, und behaupten, sie würden am liebsten auswandern, ist zu empfehlen: »Wie George Bernard Shaw sagte: ›Menschen, die sich überall zu Hause fühlen, wenn sie verreisen, verdienen auch sonst nicht viel Vertrauen.‹« Auch Orson Welles, vielleicht der wichtigste Regisseur des 20. Jahrhunderts, wusste: »Alle Dinge kommen zu dem, der im Sessel sitzen bleibt.«

Ansonsten sollten Sie bei Gesprächen über Reisen immer ein Repertoire an Standardsätzen im Hinterkopf haben, die Sie an dramaturgisch wichtigen Stellen einwerfen können:

- »War das nicht das Modell, das letztens abgestürzt ist?« – Wenn das Flugzeug erwähnt wird.
- »Ist für deinen/Ihren ökologischen Fußabdruck nicht gerade zuträglich.« – Bei Langstreckenflügen.
- »Boah, das ist ja inzwischen fürchterlich verbaut.« – Wenn es ein bekanntes Reiseziel ist.
- »Das haben die Anbieter doch längst aus dem Programm genommen.« – Wenn es ein unbekanntes Reiseziel ist.
- »So ein Zufall, da waren meine Eltern in den 70ern.« – Wenn Sie noch nie von dem Reiseziel gehört haben.
- »Ist das nicht das Land von diesem Diktator, wie hieß er gleich ...« – Wenn es ein Reiseziel auf der Südhalbkugel ist (außer Australien).
- »Dort gibt es viele Schlepperbanden.« – Funktioniert bei jedem Reiseziel (außer Bayern).
- »Aber die Rechte der Frauen sind auch wichtig!« – Bei bestimmten Ländern im arabischen Raum (und Bayern).
- »Warum zum Kaffee fahren, wenn der Kaffee herkommt?« – Bei mittelamerikanischen Reisezielen.
- »Die nervösen Polizisten erschießen verdächtige Touristen auch gern mal.« – Bei einer Autoreise durch die USA.
- »In Asien geht wieder dieser eine Virus um, bei dem man nach drei Tagen innerlich verblutet.« – Selbsterklärend.

Mit diesen Sätzen können Sie jede Diskussion übers Verreisen überstehen, für ordentlichen Aufruhr sorgen – und niemand ist Ihnen böse, wenn Sie sich dann aus dem Gespräch rausziehen. Wundern Sie sich nicht, wenn fortan über Sie getuschelt und das Wetter diskutiert wird, sobald Sie sich annähern. Ziel erreicht!

Imitieren Sie Reisende

Soziale Zwänge führen ab und an dazu, dass man so tun muss, als wäre man in der Welt rumgekommen. Vielleicht wollen Sie Ihr wahres Wesen im sozialen Umfeld behutsam enthüllen, vielleicht einen extrovertierten, reiselustigen potenziellen Arbeitgeber nicht verschrecken und ihn langsam mit Ihrem außergewöhnlichen Lebensentwurf vertraut machen. Oder Ihnen steht einfach der Sinn danach, ein wenig Schabernack mit Reisefans zu treiben.

Wenn Sie eine Reise vortäuschen müssen, sollten Sie dabei geschickt vorgehen. Finden Sie zuerst heraus, wo Ihr Gesprächspartner mit Sicherheit noch nicht gewesen ist: »Ach, ihr wart in Australien? Auch in Neuseeland? Nein? Also, ich hab da den Mount Shawshank besucht, der war toll!« Das gibt Ihnen die Freiheit, an allen Ecken und Enden zu flunkern.

Aber die beste Regel ist: Lassen Sie die anderen reden. Extrovertierte und Reisesüchtige können stundenlang über ihre Erlebnisse quatschen. Lächeln Sie, nicken Sie, und denken Sie dabei an Ihre Couch zu Hause. Werfen Sie gelegentlich ermunternde Sätze ein. »Ach, dort also!«, »Nein, so sind die da drauf?!«, »Das klingt ja traumhaft!«, »Und was habt ihr dann gemacht?«, »Erstattet die Versicherung das Lösegeld?« oder »Klar, ist nicht eure Schuld, wenn der Mietwagen in Flammen aufgeht«.

Manchmal werden Sie gefragt werden, wo Sie denn so waren, oder es wird vorkommen, dass Ihnen der Redefluss des Reisesüchtigen einfach zu viel wird und Sie ihn unterbrechen wollen. Sie finden weiter hinten im Buch viel brauchbares Wissen über verschiedene Reiseziele, das so überzeugend ist, dass es keine Rückfragen oder Zweifel zulässt.

Als besonders hilfreich wird sich in sozialen Situationen

Ihr Smartphone erweisen. Täuschen Sie einen Toilettengang vor, um die Eckdaten des Reiseziels auf der entsprechenden Wikipedia-Seite zu überfliegen, und schauen Sie online das Kartenmaterial an. Schon haben Sie im Small Talk die Chance, so zu tun, als seien Sie auch schon mal dort gewesen – also nicht genau dort, aber so grob die Ecke. SIE waren natürlich etwas weiter nördlich (oder südlich) und haben dort ein wunderbares Lokal entdeckt (oder eine abgelegene Bucht) und sich total gut mit den Einheimischen (oder isländischen Touristen) unterhalten (oder betrunken). Dort, wo der Reisesüchtige war, der bislang so begeistert von seinem Urlaub erzählt hat, klar, da waren Sie auch, aber nur auf der Durchreise. Dort fährt doch jeder hin, und da ist es schon ziemlich überlaufen.

Besonders leicht haben Sie es, wenn die betreffende Person von diesem tollen Reiseführer erzählt, der sehr hilfreich war. Einen solchen können Sie leicht runterputzen, denn es ist ja logisch, dass wegen so eines Nachschlagewerkes ganze Massen an Touristen an eben diese Orte fahren. Der Reisesüchtige wird sich ertappt fühlen und schämen.

Sollte Ihr Trick auffliegen und Ihr Gegenüber feststellen, dass Sie an diesem Ort niemals waren, können Sie lauthals lachend alles eingestehen. »Verdammt, ich dachte, ich krieg dich dran!« Setzen Sie gezieltes Schulterklopfen und Zuprosten ein, um das Ganze weiter aufzulockern. Ihre Scharade war vielleicht nicht von Erfolg gekrönt, aber alle haben viel Spaß mit Ihnen. Und Sie haben die Schwachstellen der Geschichte identifiziert und können sie beim nächsten Mal ausbügeln.

Ausreden

Manchmal genügt Ihre Stubenhocker-Ausstrahlung nicht, und auch mit netten Worten kommen Sie nicht weiter. Wider jede Vernunft möchte Sie jemand zu einer Reise oder einem Ausflug motivieren. Anfangs wird man versuchen, Ihnen noch eine völlig unverbindliche Zusage zu entlocken. Alles ganz entspannt, aber man könnte ja wegen der Planung einfach mal ... ACHTUNG! Hier werden Sie schon aufs Glatteis geführt. Jede vage Antwort wie »Ach Gott, mal sehen, vielleicht passt's ja« mag in Ihren Ohren nach einer verzögerten Absage klingen, aber so etwas kennen Reisesüchtige nicht. Sie gehen vielmehr davon aus, dass jeder begeistert mit ihnen wegfahren will. Die anderen hören diese Worte: »Oh ja, wirklich gern, passt ja super«. Wundern Sie sich nicht, wenn Sie einige Wochen später Flugtickets und eine dicke Hotelrechnung geschickt bekommen, und eine Flucht mangels Reiserücktrittsversicherung nicht möglich ist. Daher sollten Sie sich angewöhnen, jeder Andeutung einer möglichen Reise auf eine Art entgegenzutreten, die keine Missverständnisse zulässt:

- »Nein.«
- »Nein, da leben Schlangen.«
- »Nein, Skier sind mit meinen Füßen prinzipiell inkompatibel.«
- »Nein, ich traue nur Brötchen, die ich selbst gekauft habe.«
- »Nein, ich bin allergisch gegen Wärme.«
- »Nein, dort war ich schon so oft ...«
- »NEIN! AUF! KEINEN! FALL!«

Je konkreter Sie werden, desto besser. Sie sollten also Ihren Kalender immer im Hinterkopf haben – oder auf dem

Smartphone dabei. Aber selbst wenn es keinen Termin im fraglichen Zeitraum gibt, können Sie einen improvisieren:

- Urlaubssperre.
- Dringende Operation, z.B. am Knie, und der Termin ist schon seit Monaten fix.
- Wenn Eigenheimbesitzer: Sanierung der Fassade und Überwachung der Bauarbeiten.
- Wenn Mieter: Sanierung der Fassade und Überwachung der Bauarbeiter.
- Frisörtermin.
- Blutspende.
- Eingemachte Gurken im Sonderangebot.
- Aberglaube (Reisetermin an einem 13., an einem ungeraden Tag, bei Vollmond, Reiseziel beginnt mit »S«, Kaffeesatz war heute Morgen in der Form eines hüpfenden Meerschweinchens).

Tricks

Manchmal ist es mit Worten nicht getan, wenn Sie eine Reise vermeiden möchten. Sie müssen aktiv werden. Lassen Sie sich nichts vorschreiben, mischen Sie sich ein. Sie können immer noch etwas dafür tun, die Reise abzuwenden – aber wenn das nicht möglich ist, sollten Sie für Ihre Rechte eintreten und beim Ziel oder der Zeit der Reise mitreden.

Täuschen Sie eine andere Reise vor

Lehnen Sie die Frage nach einer Reise ab, und behaupten Sie, dass Sie gerade in diesem Zeitraum aus beruflichen Gründen wegmüssen. Zwei Tage reichen schon. Aber diese beiden Tage sollten Sie sich wirklich in Ihrer Wohnung verkriechen, nicht ans Telefon gehen und am besten auch eine

E-Mail-Abwesenheitsbenachrichtigung einstellen. Wenn Sie das Ganze besonders überzeugend gestalten wollen, können Sie während der »Reise« in den sozialen Netzwerken entsprechende Status-Updates machen: »Tolles Wetter hier in Dresden – wenn nur das Hotel etwas besser wäre. Das ist doch kein Frühstück!« Wetter und kulinarisches Angebot können Sie leicht im Internet recherchieren. Verstreuen Sie über den imaginären Reisezeitraum solche Nachrichten. Aber bleiben Sie dabei »in character«, wie die Schauspieler sagen, und beschweren Sie sich die ganze Zeit über Hotel, Mitreisende, Verkehrsmittel, Essen etc.

Und da kommt wieder Ihr asoziales Netzwerk ins Spiel! Lassen Sie sich ermutigende Kommentare geben. Einige Stubenhockerfreunde können behaupten, ganz in der Nähe zu sein. Veranstalten Sie ein gefälschtes Treffen, das Sie danach beschreiben. Alle werden Ihnen abkaufen, dass Sie tatsächlich unterwegs sind.

Tauchen Sie ab

Finden Sie heraus, bis wann Sie zu einer Reise zugesagt haben müssen – also bis wann Sie sich wieder unter die Augen des Reisesüchtigen trauen können, um tränenreich zu bedauern, dass Sie leider nicht rechtzeitig zusagen konnten. Wie bei der vorgetäuschten Reise sollten Sie natürlich dem Fragenden keine Chance geben, Sie in die Ecke zu drängen. Reagieren Sie nicht auf Anrufe oder E-Mails, und vermeiden Sie öffentliche Orte, an denen Sie aufeinandertreffen könnten. Auch ein Klingeln an der Haustür sollte Sie mit Misstrauen erfüllen – also sogar noch mehr als üblich.

Geschickte Auswahl des Ziels

Wo gibt es die interessantesten Dinge zu sehen? Was sind die angesagten Reiseziele? Wo kann man in Deutschland so richtig etwas erleben? Diese Fragen stellen sich Reisesüchtige unablässig.

Wenn Sie als Stubenhocker es sich aussuchen können (was wegen sozialer Verpflichtungen meistens nicht der Fall ist), würden Sie sich an Orte begeben, die möglichst reizarm, schadstoffneutral und berechenbar sind. Also Orte, an denen man entspannt stubenhocken kann und die normale Reisende nicht mit der Kneifzange in der Hand besuchen würden.

Sie können bei der Reiseplanung mit Ihrem Partner oder Freunden die Orte ins Gespräch bringen, auf die solche Merkmale zutreffen, und Sie können so dafür sorgen, dass Ihre Reiseumstände erträglicher werden. Natürlich können Sie versuchen, eine einsame Hütte im Norden Norwegens anzupreisen, doch Ihre Mitreisenden werden Sie leicht durchschauen und die üblichen Touristenfallen vorschlagen. Schließen Sie einen Kompromiss: Es geht in eine Kleinstadt mit mehr als 25.000, aber weniger als 50.000 Einwohnern.

Das sind Städte mit einer angenehmen und brauchbaren Infrastruktur, aber ohne große Industrie oder Wohnungsnot. Hier ist die Neugier Ihrer Mitmenschen nicht ganz so ausgeprägt wie in ländlichen Gebieten, in denen Sie als einziger Tourist zur lokalen Attraktion werden, aber Sie haben nicht unter der hohen Kriminalitätsrate und dem Smog zu leiden. Die Verkehrsanbindung dieser Städte ist meistens sehr gut, sowohl im Hinblick auf Autobahnen als auch beim Zugverkehr. Das ist darauf zurückzuführen, dass alle Einwohner einer solchen Stadt diese als fürchterliche Provinz empfinden. Solche Städte haben erfrischend wenig Sehenswürdigkeiten (was Sie den Mitreisenden natürlich vorenthalten müssen), als dass sie Massen an Leuten anlocken könnten. Jede von ihnen hat ein lokales Gewerbe, das wahrscheinlich schon lange pleite ist, aber mit dem sich alle Ureinwohner nach wie vor identifizieren. Die Sockenfabrik gibt es schon lange nicht mehr, aber »Deutschlands größtes Sockenmuseum« zieht immer noch jedes Wochenende bis zu zwei Besucher aus ganz Deutschland an. Oder es befindet sich der größte Bombenkrater der ganzen Region aus dem Zweiten Weltkrieg in einem nahen Waldstück. Oder es steht am Ortsrand eine Stele, die an die (im Ort) legendäre Rübenschlacht von 1877 erinnert. Alles wunderbar zu überschauen – also für einen Stubenhocker gezielt ausblendbar. Da solche Städte für jeden Touristen dankbar sind, schicken sie Ihnen auf Nachfrage unverzüglich umfangreiche Hochglanzprospekte, die allesamt aussehen, als hätten Sie das Paradies auf Erden gefunden (und es hat ein Sockenmuseum).

Ein Detail sollten Sie bei diesen Kleinstädten allerdings genau in Augenschein nehmen: Achten Sie darauf, dass es sich nicht um eine »Studentenstadt« handelt (es sei denn, Sie sind Student). Sie möchten keine Zeit an einem Ort verbringen, an dem alle außer Sie und der örtliche Metzger nebenher studieren. Wenn sich ein oder zwei Fachhochschulen in dieser Stadt befinden – kein Problem. Aber sobald sich dort größere Hochschulen niedergelassen haben und auffällig viele Studentenkneipen das Stadtbild prägen, sollten Sie aufhorchen. Studentenstadt, das bedeutet lebhafte WGs, Trinkgelage und nächtliche Unruhe (meistens direkt neben oder über Ihnen).

Zauberwort: Nebensaison
Wenn Sie schon verreisen müssen und Mitspracherecht beim Termin haben, können Sie es vielleicht so deichseln, dass die

Reise in die Nebensaison fällt. Dafür gibt es handfeste finanzielle Argumente, die viele Mitreisende überzeugen dürften, aber für Sie hätte es den großen Vorteil, dass Sie Reizüberflutung während der Reise ausschließen können.

Das eigentliche Reiseziel ist dabei völlig egal. Ob Sie nun an der Küste oder in den Alpen landen – wahrscheinlich herrscht schlechtes Wetter und Sie können nicht viel tun außer zu lesen und gelegentlich eine kurze Runde an der frischen Luft zu drehen. Was immer noch besser klingt, als in atemberaubender Hitze zwischen Menschenmassen zu schmoren.

Last Minute

Angenommen, Sie haben sich bequatschen lassen oder waren einen Moment unaufmerksam. Nun steht tatsächlich eine Reise an. Sie werden gleich abgeholt (denn niemand traut Ihnen so weit über den Weg, sich am Bahnhof oder Flughafen mit Ihnen zu verabreden). Sie haben in diesem Augenblick nur zwei Möglichkeiten:

1. Sie nehmen das Kreuz auf sich.
2. Sie ergreifen drastische Maßnahmen, um die Reise last minute zu verhindern.

Wenn Sie sich dazu entscheiden, nun wirklich zu verreisen, finden Sie in den folgenden Kapiteln unentbehrliche Tipps, wie Sie mit dem größten Teil Ihrer geistigen Gesundheit zurückkehren können.

Bei einer Entscheidung für Variante 2 sollten Sie folgende Faktoren berücksichtigen:

- Wie viel Geld geht Ihnen durch die Lappen, wenn Sie die Reise nicht antreten? Seien Sie in dieser Hinsicht nicht zu geizig, denn das Geld ist so oder so weg. Wenn Sie wegfahren, fällt die Rechnung am Ende nur NOCH höher aus.

- Möchten Sie mit den/dem Reisenden in naher Zukunft noch Kontakt oder sogar Freundschaft pflegen? Oder sind es nur flüchtige Bekannte? Besonders haarig wird es natürlich, wenn es sich um Verwandtschaft handelt. Sie wissen ja: Blut ist dicker als Sangria.

Sollten Sie sich entschließen, im letzten Moment abzuspringen, können Sie es ohne Angabe von Gründen tun (»Hab keine Lust!«), dann müssten Sie allerdings die Konsequenzen tragen. Natürlich ist es immer sozialverträglicher, einen objektiv haltbaren Grund zu haben, und das geht nicht ohne Schmerzen:

- Fangen Sie sich eine Erkältung ein. Suchen Sie eine S-Bahn voller Pendler oder das Wartezimmer eines Kinderarztes auf (Letzteres ist nur in Begleitung eines Kindes anzuraten, wobei Untersuchungshaft auch als Grund für Reiseabbruch funktioniert). Greifen Sie alles an, was Sie finden, und lecken Sie dann Ihre Hände ab. Planen Sie aber genug Vorlaufzeit ein (Inkubation).
- Gehen Sie zum Arzt Ihres Vertrauens, und lassen Sie sich ein Gipsbein anlegen. Der Arzt sollte also entweder ein guter Freund sein, der das unentgeltlich erledigt, oder ein gleichgesinnter Stubenhocker, der sich freut, Ihnen diesen Gefallen zu tun. Natürlich können Sie sich auch einfach ein Bein brechen.
- Verlieren Sie die Tickets im Altpapier. Wenn Sie elektronische Tickets haben, formatieren Sie Ihre Festplatte.
- »Vergessen« Sie den Reisetermin. Fahren Sie am Tag vor der geplanten Abreise ins nächste Naherholungs- oder Waldgebiet, lassen Sie Ihr Smartphone zu Hause, nehmen Sie eine große Flasche Wasser und eine Packung Müsliriegel mit. Kommen Sie erst nach drei Tagen wieder raus.

5

Schrecken ohne Ende:
Über Reisearten

Keine Reise ist wie die andere. Und das heißt so viel wie: Jede Reiseart bringt ihre eigenen Katastrophen und Gefahren mit sich, die das Stubenhocken so attraktiv machen. Jede Reiseart ist gleichzeitig eine Reiseunart und bedarf individueller Vorbereitung. Machen Sie sich dabei nichts vor: Eine Reise ist ein Zustand, an dem es nichts zu beschönigen und nichts zu retten gibt. Sie können eine Reise nicht so hinbiegen, dass daraus eine angenehme Erfahrung wird. »Vielleicht wird es ja diesmal nicht so schlimm« ist ein sicherer Freifahrtschein in den Reisekoller.

Die folgenden Beschreibungen sollen Ihnen helfen, sich ein realistisches Bild von dem zu machen, was Sie erwartet. Erst wenn Sie sich die Aussichtslosigkeit des Unterfangens eingestehen, nähern Sie sich der Realität an, statt sich in Traumbilder von der idealen Reise zu flüchten. Wenn Sie sich schon auf eine Reise begeben müssen, dann sollten Sie das Beste daraus machen – und das ist in erster Linie, heil wieder nach Hause zu kommen.

Pauschalreise

Umstände

Pauschalreisen sind die einzige Reiseart, bei der ein Stubenhocker nicht gleich in Schockstarre verfällt. Denn »pauschal«
bezieht sich nicht nur auf den Geldbetrag, sondern auch auf
die Reiseorganisation, und legt einen reibungslosen Ablauf
nahe. Mit einer Unterschrift ist alles erledigt. Sei es Flughafentransfer, Mahlzeiten oder der Knick im Kopfkissen –
es wird sich um alles gesorgt. Einfach Geld hinlegen, fertig.
Prinzipiell eine schöne Vorstellung, aber ...

Pauschalreisen führen in alle Ecken der Welt, primär jedoch in die Touristenhochburgen. Sie lohnen sich für die Ver-
anstalter nur, wenn sie eine möglichst billige Infrastruktur
errichten, durch die ganze Massen an Touris geschleust werden können. Der Pauschaltourist ist also die Legehenne unter den Urlaubern, mit nur teilweiser Bodenhaltung. Machen
Sie sich klar, dass Sie als Pauschaltourist keinen Anspruch auf
irgendwas haben. Wenn Sie etwas wollen, wird es Ihnen hin-
tergeschmissen werden, aber Sie müssen es auch selbst
aufsammeln.

Pauschalreisen sind eine einzige große Falle. Wenn Ihnen
etwas als »pauschal« oder »inklusive« verkauft wird, sollten
Sie prinzipiell misstrauisch sein, denn diese beiden Worte
verstecken nur die Zusatzkosten, die auf Sie warten. Es ist
ein Ausflug inklusive? Natürlich, fahren Sie ruhig mit. Sie
werden in ein mit Stacheldraht gesäumtes Industriegebiet
kutschiert, damit Sie dort 5 Lederjacken kaufen. Tun Sie das
nicht, werden Sie ausgelacht, bedroht und verprügelt (die
Reihenfolge kann variieren).

Pauschaltouristen sind diejenigen, die über ihren Urlaub

überhaupt nicht nachdenken wollen. Wie sie ihre freie Zeit verbringen, richtet sich nach ihrem Alter:

- Jugendliche bzw. junge Erwachsene: Als Partytouristen bemessen sie die Qualität einer Reise daran, wie erholungsbedürftig sie danach sind. Gehen sie vor Sonnenaufgang ins Bett, weinen sie ein wenig, bevor sie einschlafen, weil ihr Leben keinen Sinn hat. Wenn man sich im Anschluss an ihren Urlaub nach dem Reiseziel erkundigt, kennen sie nur den Namen des Landes oder der Insel. Die Frage nach Städten oder Regionen beantworten sie mit leeren Augen, wenn sie sich zu erinnern versuchen, was die Frau im Reisebüro damals erzählt hat.

- Eltern in der verfrühten Midlife-Crisis: Sie haben spät noch ein Kind bekommen, und mehr als eins soll es auf keinen Fall werden. Die sechs Jahre vor der Einschulung wollen natürlich zu exzessiven Touren genutzt werden, aber sie haben keine Zeit, ewig Reiseziele zu recherchieren. Deshalb buchen sie im Netz beratungslos das günstigste Pauschalangebot in einer Gegend, von der sie schon mal gehört haben oder wo das befreundete Paar mit seinem Einzelkind letztes Jahr war. Aus unerfindlichen Gründen organisieren sie den Urlaub so, dass das Kind ein perfektes Erlebnis haben soll, während sie selbst leiden müssen (siehe: Kinderhotel).

- Rentner: Sie haben nur ein Ziel: Für das Geld, das sie bezahlt haben, das Maximum aus ihrem Aufenthalt rausholen. »All-inclusive« ist das Minimum. Sie trinken und essen 30 Prozent mehr als nötig, bei jeder Gelegenheit und zwischendurch. Ständig leben sie in der Angst, zu kurz zu kommen. Aus diesem Grund klagen sie immerzu und prophylaktisch. Das muss man nicht ernst nehmen, das ist wie der ritualisierte Kampf unter Katzen. All-inclusive-

Rentner beschweren sich auch, wenn sie ganz alleine in ihrem Hotelzimmer sind: »Aus dem Wasserhahn könnte auch mehr rauskommen!«/»Das Geräusch, mit dem die Tür schließt, ist nicht klackend genug!«/»Die Klimaanlage läuft seit drei Sekunden, und es ist immer noch heiß!«/ »Jaja, Meerblick, aber ich kann höchstens 70% davon sehen!«

Typische Dauer

Traditionell dauert ein Pauschalurlaub 7 bis 21 Tage, je nach Flugverbindung. Also genug, um »mal rauszukommen«, aber nicht genug, um »mal anzukommen«. Pauschalurlaube lohnen sich daher vor allem für die Leute, die zu feige sind, gar keinen Urlaub zu machen. Nach einem Pauschalurlaub hat man etwas zu erzählen, aber der Aufwand dafür hielt sich in Grenzen.

Wie man sich vorbereiten kann

Ein Pauschalurlaub sollte mit dem gleichen planerischen Ernst angegangen werden wie jede Reise, auf die man sich als Stubenhocker begibt. Nur weil die Getränke ungefragt nachgefüllt werden, heißt das nicht, dass man sich entspannen kann. Seien Sie immer auf der Hut vor verdeckten Zusatzkosten.

Immerhin einen Vorteil bietet der Pauschalurlaub: Sie können sich auf Routine verlassen. Haben Sie erst mal herausgefunden, welche Dinge an Ihrem Urlaubsort reibungslos funktionieren, können Sie diese für die Dauer des Urlaubs in Ihren gewohnten Tagesablauf aufnehmen.

Ist besonders schlimm, weil ...

... sich Anspruchslosigkeit mit Desinteresse paart.

Urlaub im Kinderhotel

Umstände

Erinnern Sie sich an diesen Traum, der Sie überfiel, als die Kopfschmerztabletten, die Sie genommen hatten, schon acht Jahre abgelaufen waren? Genau so ist der Aufenthalt in einem Hotel, das sich primär an Gäste unter eins dreißig richtet: bunt, schrill, nicht enden wollend, danach ist eine Körperhälfte taub und niemand will Schadensersatz zahlen.

In die Verlegenheit, überhaupt ein Kinderhotel aufzusuchen, kommen Sie natürlich nur, wenn Sie Kinder haben. Ist das nicht der Fall, sind Sie schon halbwegs auf der sicheren Seite. Als kinderlose Person kämen Sie sich in einem Kinderhotel auch vor wie ein Eunuch im Harem und müssten mit genauso viel Häme rechnen. Aber nehmen Sie sich in Acht – vielleicht will Sie jemand mit Ihrem Patenkind losschicken, oder Sie werden gezwungen, mit Freunden und deren Nachwuchs in Urlaub zu fahren. Und glauben Sie nicht, dass Sie in so einem Fall in die Planung involviert sind. Sie werden sich fühlen, als wären Sie in einem nicht enden wollenden Kindergeburtstag gelandet und könnten nicht entkommen.

Ein Kinderhotel ist ein ideales Beispiel, dass Urlaub in Fiktion und Realität nur eine geringe Schnittmenge haben. Sie gehen davon aus, dass es so viele Attraktionen und eine so umfassende Betreuung gibt, dass Sie Gefahr laufen, am Ende ohne Ihre Kinder abzureisen. Aus diesem Grund nehmen Sie auch die fulminanten Tagespreise in Kauf. Sie wollen doch einfach nur Ihre Ruhe. Im Kinderhotel angekommen, müssen Sie aber feststellen, dass das Mini-Karussell, die künstliche Giraffe und die Schaukel nur mit Münzeinwurf funktionieren und die Betreuung die Form einer Überwachungskamera im Bällchenbad von der Größe eines Hasenstalls hat. Die Kinder möchten am ersten Tag begeistert alles ausprobieren, und abends ist ihnen vor Erschöpfung und Überzuckerung schlecht. Ab dem zweiten Tag nachmittags finden sie alles langweilig und bestehen darauf, in ein anderes Hotel oder nach Hause zu fahren.

Typische Dauer

Es greift die Regel: Ein Tag in einem Kinderhotel kommt einem so lange vor wie ein Drittel eines Hundelebens. Wegen der utopischen Preise werden Sie nicht länger als eine Woche bleiben können, ohne weniger relevante Organe auf den hiesigen Schwarzmarkt zu bringen.

Wie man sich vorbereiten kann

Wer Kinder hat, ist sowieso auf alle Umstände vorbereitet und kann von nichts mehr überrascht werden – sollte man denken. Doch eine fremde Umgebung lässt Kinder jeden Alters kreativ werden. Sie werden ganz neue Ideen entwickeln, wie sie Chaos anrichten können. Und Sie können nichts tun.

Ist besonders schlimm, weil ...

... Kinder gnadenlos jede Schwäche ausnutzen. Legen Sie sich ruhig auf die Sonnenliege. ABER SCHLIESSEN SIE NICHT DIE AUGEN!

Urlaub in der Ferienwohnung

Umstände

Eine Ferienwohnung ist exakt das – eine Wohnung. Erwarten Sie nicht die Annehmlichkeiten eines Hotels. Niemand wird Ihr Bett machen oder Sie bekochen. Wenn Sie also einen Urlaub damit verbinden wollen, dem Alltag zu entfliehen (warum auch immer Sie so ein absurdes Ziel haben sollten, schließlich ist der Alltag Ihr wahres Leben), dann mieten Sie niemals eine Ferienwohnung. Das Höchste der Gefühle, was Service angeht, ist eine muffelige Schlüsselübergabe. Wenn Sie Pech haben, steht im Kleingedruckten dann auch noch der Begriff »Endreinigung« als Teil Ihrer Pflichten.

Besondere Vorsicht sollten Sie walten lassen, was die Lage der Ferienwohnung angeht. Einige Häuser werden von Firmen verwaltet, doch in den meisten Fällen ist eine Ferienwohnung ein abgetrennter Teil im Wohnhaus des Besitzers. Und diesen Anbietern von Ferienwohnungen ist prinzipiell nicht über den Weg zu trauen. Wie würde es Ihnen gehen, wenn sich alle paar Tage wildfremde Leute in Ihrem Haus einnisten? Würde das nicht an Ihren Nerven nagen? Würden Sie nicht auch bei dem Gedanken verrückt werden, dass Menschen, deren Mentalität und Ausdünstungen Ihnen überhaupt nicht vertraut sind, plötzlich unter Ihrem Dach leben?

Leute, die eine Ferienwohnung anbieten, lassen sich prinzipiell in diese Gruppen unterteilen:
- Der Zufällig-Reingucker. Vermietet das Erdgeschoss seines Hauses und installiert in der FeWo nur Vorhänge, die durchlässig sind. Wenn Sie da sind, jätet er Unkraut vorm Wohnzimmerfenster. Wenn Sie duschen, wirft er

den Müll in die Tonne, die unter dem Badezimmerfenster steht. Wenn Sie kochen, schmeißt er Zeitungen in die Papiertonne, die neben dem Küchenfenster steht. Wenn Sie das Auto rausfahren, holt er die Post aus dem Briefkasten. Aber niemals – NIEMALS! – schaut er Sie an. Zumindest nicht, wenn Sie zu ihm blicken …

- Der Militarist. Egal, wann Sie aufstehen – er ist schon wach. Sie hören ihn nur im Gleichschritt in seiner Wohnung marschieren. Er hört immerzu Blasmusik. Die einzigen Bücher, die er im Wohnzimmerschrank der Ferienwohnung platziert hat, sind »Die schönsten Landschaftsaufnahmen vom Russlandfeldzug«, »Hitlers Kaninchenzucht« und »Begonien für Anfänger«. Die FeWos in seinem Haus hat er »Wolfsschanze«, »Vorpommern« und »Schiefblatt« genannt. »Endreinigung« ist für ihn gleichbedeutend mit »Endsieg«, und er sperrt Sie in der Ferienwohnung ein, bis Sie in dieser Hinsicht kooperieren.

- Der Geizige. Er hat die Ferienwohnung mit den günstigsten Möbeln und Utensilien ausgestattet, die er finden konnte, bevorzugt von Flohmarkt, Räumungsverkauf und Nachlassverwaltern. Anfallende Arbeiten am Haus erledigt er selbst, weil Handwerker so teuer sind. Entsprechend stolpert man im Bad über die Bodenfliesen, muss nachts wiederholt die Tapete vom Gesicht wischen und den Schrank wieder aufbauen, nachdem die Kinder Verstecken gespielt haben. Nur einmal weisen Sie höflich auf einen Mangel hin (die Kinder knabbern an etwas rum, das aus der Wand guckt und sich als Stromkabel entpuppt). Nach dem Reparaturversuch ist die Feuerwehr glücklicherweise schnell da, und fortan arrangieren Sie sich mit dem real existierenden Zustand Ihrer Unterkunft.

- Der Desinteressierte. Wenn Sie ankommen, wirkt er überrascht, als wäre es das erste Mal, dass jemand in diese andere Wohnung in seinem Haus will. Er muss zunächst den Schlüssel suchen. Die Wohnung selbst scheint ganz in Ordnung zu sein. Während Ihres Urlaubs sehen Sie den Vermieter nicht ein einziges Mal wieder, werfen ihm am Ende den Schlüssel in den Briefkasten und fahren ab.

- Der Paranoide. Jedes Mal, wenn Sie nicht in der FeWo sind, läuft er Patrouille. Damit Sie das auch merken, bewegt er die Stühle ein klein wenig, ordnet Ihr Kopfkissen anders an oder hängt das Handtuch andersrum auf die Halterung. Wenn Sie da sind, muss er den Wasserstand ablesen, den Gaszähler, den Stromzähler, den Boiler warten, die Heizung warten, den Teppichboden nachmessen, auf unangemeldete Kinder prüfen, das Geschirr nachzählen, die Schränke nachzählen. Wenn Sie ihn treffen, ist er ausgesprochen höflich und feuert eine Salve Platitüden nach der anderen ab, bevorzugt übers Wetter.

- Der Fürsorgliche. Er ist aufrichtig um Sie bemüht. Wenn Sie das Haus verlassen, fragt er Sie, was Sie vorhaben. Wenn Sie essen gehen wollen, hat er viele Tipps. Wenn Sie an den Strand wollen, kennt er die schönsten Ecken. Wenn Sie etwas einkaufen wollen, weiß er, wo es die besten eingemachten Gurken gibt. Wenn Sie einfach nur an die frische Luft wollen, gibt er Ihnen einen Ausdruck der Messdaten der örtlichen Wetterstationen der letzten 4 Wochen (Windstärke und -richtung, Luftdruck, Niederschlagsmenge).

- Der Durchgeknallte. Anfangs ist er ein total unauffälliger, netter Kerl, der hilfsbereit ist und höflich grüßt. Sie freuen sich zunächst darüber, dass er so engagiert bei der Sache ist – er wahrt genug Distanz und gibt Ihnen das Gefühl, dass er Ihre Privatsphäre respektiert, andererseits steht er

Gewehr bei Fuß, wenn es ein Problem gibt. Dann, irgendwann, steht er TATSÄCHLICH Gewehr bei Fuß vor der Tür Ihrer Ferienwohnung und fragt, ob Sie auch ein Problem mit den Fledermäusen im Kühlschrank haben. Sie verneinen, er sichert wieder den Abschussbolzen und geht. Morgens finden Sie unter der Tür durchgeschobene Nachrichten. Darauf stehen in schwer zu entziffernder Handschrift Ratschläge, was Sie bei Fledermausbefall tun sollen (drei Eimer mit Orangenlimonade füllen und diese im Flur in einem gleichschenkligen Dreieck aufstellen, zwischen ihnen eine Prise Salz und Oregano verstreuen), ein Fünf-Punkte-Plan zur Rettung des Euro (mit der Bitte um Weiterleitung an »Regierung, Berlin«) oder Verwünschungen in Richtung des »Nasenmannes, der nachts den Garten umgräbt und sich weigert, den Schlüssel zurückzugeben«. Sie reisen früher ab und erhalten fortan immer am letzten Augusttag eine Weihnachtskarte mit der Bitte, ihrem ehemaligen FeWo-Vermieter eine Kiste Orangenlimonade zu schicken.

Typische Dauer

Wenn Sie früh genug buchen, können Sie einen beliebigen Zeitraum anvisieren, aber wenn Sie Pech haben, müssen Sie mit dem vorliebnehmen, was der Belegungsplan Ihnen an Lücken anbietet. Die Schulferien sind schon bis ins 23. Jahrhundert ausgebucht.

Wie man sich vorbereiten kann

Entscheidend für die Qualität eines Urlaubs in einer Ferienwohnung ist, was Sie alles eingepackt haben. Schließlich sind Sie Selbstversorger und sollten sich auf keinen Fall darauf verlassen, dass Sie in der Urlaubsregion alles bekommen, was Sie im Alltag benötigen. Machen Sie also eine detaillierte Liste, was Sie unbedingt für alle Lebenslagen brauchen. Nach fünf Minuten werden Sie feststellen, dass eine Bahnfahrt nicht infrage kommt. Nach zehn Minuten merken Sie, dass Ihr Auto zu klein ist. Erkundigen Sie sich, wo Sie preisgünstig einen Kleintransporter leihen können.

Ist besonders schlimm, weil …

… Sie verzweifelt versuchen werden, die FeWo so wie Ihr Zuhause zu gestalten und zu optimieren, aber unweigerlich scheitern müssen.

Urlaub auf dem Bauernhof

Umstände

Vielleicht kennen Sie den Werbeslogan »Arbeiten, wo andere Urlaub machen«. So werden schlecht bezahlte Dienstleistungsjobs in Urlaubsgebieten schöngeredet. Ein Urlaub auf dem Bauernhof ist das genaue Gegenteil davon: »Keine Erholung dort haben, wo andere arbeiten müssen (und Sie dann auch)«. Sicher versprechen Sie sich vom Urlaub auf dem Bauernhof eine Flucht vor den Ansprüchen des modernen Lebens. Eine Entschleunigung. Zurück zur Natur. Mal wieder richtig aufatmen.

Wie jedes Urlaubsversprechen ist jedoch auch dieses eine Falle. Denn was Sie erleben werden, ist nicht etwa entspanntes Herumliegen auf Heuballen und das Beobachten grasender Kühe, sondern ein Albtraum aus Kuhfladen, Insekten und Heuallergie.

Zunächst müssen Sie sich bei einem Ausflug ins Ländliche damit arrangieren, dass Sie dem Ablauf des Bauernhofs folgen und nicht umgekehrt. Wer nach 5 Uhr noch im Bett liegt, gilt als verweichlichter Städter. Pech für Sie, dass die Kinder es um diese Zeit sowieso nicht erwarten können, in den Stall zu kommen. Sie glauben, dass es Spaß macht, Kühe zu füttern, doch das wird nur den kleinsten Teil Ihres Tages ausmachen, denn Sie werden hinter einer Kuh mehr Zeit verbringen als vor ihr. Das Frühstück ist hier wirklich die wichtigste Mahlzeit des Tages, weil es viele Tage gibt, an denen Sie vor lauter Arbeit nicht zum Mittagessen kommen und abends keine Kraft mehr haben, so was wie Besteck zu stemmen.

Das Picknick am Bach entpuppt sich als Maisernte, der Ausflug ins Nachbardorf als Viehversteigerung, bei der Sie die Bullen durch die Gatter schieben müssen, der Grillabend als fröhliches Schweineschlachten. Immer wieder werden Sie versuchen, von dem Bauernhof zu fliehen, doch Ihre Gastgeberfamilie weiß das aus Erfahrung zu verhindern. Dummerweise sind Sie so weit abgelegen, dass Sie keinen Handyempfang haben, ans Festnetz lassen Ihre Gastgeber Sie nicht ran und das WLAN-Passwort ist streng geheim (was Sie probieren sollten – geben Sie »strenggeheim« ein, vielleicht haben Sie Glück und können ein SEK zur Rettung anfordern). Bei Nacht und Nebel können Sie auch nicht verschwinden, weil alles eingezäunt ist. Für die Dauer des Urlaubs sind Sie Ihren Meistern hilflos ausgeliefert. Sie selbst gehen danach am Stock, Ihre Kinder fanden es toll und wollen alle Ferien so verbringen. Außerdem möchten sie auch daheim Kühe haben.

Werfen Sie nach dem Urlaub die Kleider nicht in den Hausmüll – Sie würden nur für Aufregung sorgen, weil der Vermieter und Passanten auf dem Bürgersteig glauben, in der Mülltonne sei eine Waschbärfamilie verendet. Fahren Sie in den nächsten Steinbruch, und verbrennen Sie dort Ihre Klamotten.

Typische Dauer

Ein Urlaub auf dem Bauernhof dauert normalerweise eine durchschnittliche Ernteperiode. Ein Bauernhof behauptet souverän, zu allen anderen Zeiten komplett ausgebucht zu sein, und nimmt nur während der Ernte Gäste an. Wundern Sie sich nicht, wenn Sie nicht im Bauernhof untergebracht werden, sondern in einem Nachbargebäude (dem Gesindehaus), in dem Sie aus den anderen Zimmern entweder die Gespräche weiterer ermatteter Familien oder ein Panoptikum osteuropäischer Sprachen hören. So oder so werden Sie auf dem Acker viele neue Bekanntschaften schließen und mit ihnen gemeinsam Fluchtpläne schmieden.

Wie man sich vorbereiten kann

Kaufen Sie Gummistiefel und Nasenklammern. Nehmen Sie Plastikbesteck mit – es ist leichter als Metallbesteck, und abends schaffen Sie es vielleicht noch, damit zu essen. Vielleicht. Packen Sie nur Kleider ein, die Sie sowieso nie wieder im Leben tragen wollen.

Ist besonders schlimm, weil ...

... tief in seinem Inneren der Bauer Sie abgrundtief hasst, weil Sie kein Bauer sind (warum wären Sie sonst bei ihm auf dem Bauernhof). Und er lässt keine Gelegenheit aus, Ihnen das zu zeigen.

Bildungsreise

Umstände

Der Vorsatz, durch Herumreisen etwas zu lernen, ist prinzipiell durchaus zu unterstützen – würden wir im 19. Jahrhundert leben. Warum um Gottes willen sollten wir in den modernen Zeiten die Gefahren der Außenwelt und des Reisens auf uns nehmen, wo wir das Wissen der Welt in unserer Hosentasche in Form eines Smartphones mit uns herumtragen können? Eine Bildungsreise ist oft nur ein Vorwand, um an einen bestimmten Ort zu fahren. Nehmen wir Rom. Wer fährt schon freiwillig nach Rom? Die Stadt ist eng, laut und dreckig, wie fast alle Städte. Rom ist derart effizient auf die Abzocke von Touristen getrimmt, dass es eine einzige, große Falle ist. Wenn Sie in Ihrem Bekanntenkreis erzählen, dass Sie nach Rom fahren, setzen Sie sich damit der Vermutung aus, Sie würden es nicht besser wissen und einfältig auf den Spuren irgendwelcher kruder Verschwörungsthriller wandeln oder auf ein Konklave mit großem Hallo spekulieren. Aber wenn Sie erzählen, dass Sie die Kunstgeschichte von Rom studieren möchten, vom Römischen Reich bis zur Neuzeit, klingt das gleich anders. Sie gehen davon aus, dass Sie damit das letzte bisschen Würde bewahren, vielleicht sogar ein wenig Anerkennung von Ihren Freunden gewinnen können. Unterschätzen Sie damit aber auch nicht den Leistungsdruck, den Sie sich selbst auferlegen. Wenn Sie aus diesem Bildungsurlaub zurückkehren, müssen Sie etwas mitbringen: Fotos, Erkenntnisse, Weisheiten, Rotwein oder eine ansteckende Krankheit, die beweist, dass Sie abseits ausgetretener Pfade unterwegs waren. Im Small Talk müssen Sie etwas über die alten Kulturen des Urlaubsziels erzählen können, was niemand vorher gewusst hat. Mit Allgemeinplätzen aus dem Lateinunterricht damals werden Sie niemanden beeindrucken können.

Versuchen Sie gar nicht erst, eine Reise in ein bekanntes Feriengebiet mit einem Bildungsziel zu verbinden. »Wir fliegen nach Palma wegen der tollen Architektur, die wollen wir uns genauer anschauen« – sagen Sie so etwas nur, wenn Sie für herzhaftes Lachen sorgen wollen.

Gehen Sie nur dann auf eine Bildungsreise, wenn Sie diese durchgeplant haben. Recherchieren Sie im Internet, welchen Kenntniszuwachs Sie erreichen können, welche Orte Sie dazu aufsuchen müssen, welche Kontakte Sie dort aufbauen sollten. Sammeln Sie schon vorher Material, aber vergessen Sie auch im Urlaub nicht, alle Broschüren mitzunehmen und Kataloge zu kaufen, derer Sie habhaft werden können. Planen Sie nach dem Abendessen circa 2 Stunden ein, um die Learnings des Tages aufzuarbeiten und einen Stundenplan für den nächsten Tag aufzustellen. Halten Sie alles schriftlich fest. Üben Sie das Referat, das Sie vor Ihren Freunden geben wollen, schon auf dem Heimflug an den Sitznachbarn – diese können Ihnen vielleicht sogar helfen, eventuelle Wissenslücken zu füllen.

Typische Dauer
Eine Bildungsreise ist unter einer Woche nicht zu stemmen. Drei oder vier Tage sind gerade genug, um eine Basis zu erarbeiten, auf der Sie aufbauen können. Verlängern Sie nötigenfalls Ihren Urlaub, wenn Sie kurz vor dem Ende merken, dass Sie noch nicht in allen Wissensgebieten firm sind.

Wie man sich vorbereiten kann

Hier kommt Ihre Stubenhockerpraxis besonders gut zur Geltung. Legen Sie eine Datenbank mit sämtlichem Wissen über Ihren Urlaubsort an. Lernen Sie so viel auswendig wie möglich und speichern Sie alles auf Ihrem Smartphone.

Ist besonders schlimm, weil ...

... bei keiner anderen Urlaubsart der Leistungsdruck stärker ist.

Abenteuerurlaub

Umstände

Kaufen Sie sich einen Trekking-Rucksack. Dies ist die erste und größte Bedingung für einen Abenteuerurlaub. Dieser Rucksack ist für Ihre Umwelt ein untrügliches Zeichen, dass da jemand unterwegs ist, der nie lange am gleichen Ort bleibt, der für jede Lebenslage gerüstet ist, der vor keinem Verkehrs- oder Lebensmittel zurückschreckt. Sie müssen nicht einmal irgendwelche Abenteurerutensilien einpacken – kein Rambo-Messer, keinen Gaskocher, kein Kletterseil. Nehmen Sie bequeme Wäsche mit und viel zu lesen. Falls immer noch Luft in Ihrem Trekking-Rucksack ist, stopfen Sie die Leerstellen mit Handtüchern aus. Die braucht man sowieso immer, und sie wiegen nicht viel. Hauptsache, der Rucksack hängt nicht labberig an Ihnen herunter – das würde unprofessionell und alles andere als abenteuerlich aussehen. Zur Deko sollten Sie eine kleine Bratpfanne herabbaumeln lassen.

Bei den Zielen eines Abenteuerurlaubs können Sie wunderbar tricksen. Ganze Länder und Regionen klingen äußerst abenteuerlich, obwohl sie bestens erschlossen sind. Nehmen Sie Australien. Das klingt nach halb verdurstet im Outback, nach nächtlichen Känguru-Attacken, nach gefährlichen Krokodilen. Fliegen Sie mit Ihrem Rucksack dorthin, legen Sie sich an den Strand, kommen Sie braun gebrannt nach Hause. Lügen Sie, wo Sie überall waren. Auch in Afrika und Südamerika können Sie in netten Hotels stubenhocken und sich die tollsten Räuberpistolen ausdenken, die Sie nach Ihrer Rückkehr erzählen. Und Sie können es sich sogar noch einfacher machen: Verbringen Sie jeden Abend in der Hotelbar, und halten Sie nach anderen Touristen Ausschau. Spendieren Sie ihnen einen Drink, und fragen Sie, was sie so an lustigen und abgefahrenen Dingen erlebt haben. Erkundigen Sie sich nach Details. Machen Sie sich schon während des Gesprächs Notizen. Benutzen Sie notfalls heimlich ein Diktiergerät, das Sie im Ärmel oder der Hutkrempe verstecken – oder starten Sie die Aufnahmefunktion Ihres Smartphones, das völlig unauffällig direkt auf dem Tisch liegen kann. Wenn Ihre Gesprächspartner sich wundern, warum Sie so viel wissen wollen, erklären Sie, dass Sie Journalist sind, der für internationale Reisemagazine schreibt, unter Pseudonym natürlich. Nichts ist für einen Abenteuerurlaub-Reisesüchtigen wichtiger, als dass seine Erlebnisse der Nachwelt erhalten bleiben, also wird er Ihnen bereitwillig Auskunft geben.

Sie selbst sollten natürlich nur einen Pseudo-Abenteuerurlaub führen. Seien Sie immerzu auf der Hut vor defekten Bussen, einheimischer Fauna und Fremdenführern, die nie ohne Handfeuerwaffen zu sehen sind. Wählen Sie Ihre Reiseziele und Etappen entsprechend aus, wenn Sie nicht an einem Ort bleiben können oder der Flughafentransfer selbst geregelt werden muss.

Die Umstände oder übermäßiger Ehrgeiz könnten dazu führen, dass Sie tatsächlich einen abenteuerähnlichen Rucksackurlaub absolvieren müssen:

- Zelten ist nicht halb so urig und romantisch, wie Sie es aus den Karl-May-Filmen kennen. Selbst wenn Sie Binsenweisheiten befolgen wie diejenige, dass man sich im Schlafsack nicht zu dick anziehen soll oder dass man die nassen Schuhe draußen lässt – Sie werden die Zeit im Zelt ausschließlich damit beschäftigt sein, es nicht bequem zu haben. Die Luftmatratze verliert Luft, der Wind zerrt an Zelt und Nerven, die sanitären Anlagen haben Laub oder Nadeln und sind immer zu weit entfernt. Es ist unmöglich, in einem Zelt aufzuwachen, ohne sich zu fühlen, als wäre man von einem 16-Tonner überrollt worden.

- Den größten Teil der Reisezeit werden Sie damit verbringen, sich orientieren zu müssen. Sie werden sinnlos auf Bahnhöfen rumstehen und nicht weiterwissen. Die Einheimischen schicken Sie in die falsche Richtung und lachen Sie dann aus.

- Sie müssen immerzu das nächste Etappenziel ausfindig machen. Deswegen kommen Sie niemals irgendwo an. Rucksacktourismus ist wie eine Schnitzeljagd, nur dass man am Ende keine Süßigkeiten bekommt, sondern kalten Fisch auf einem dreckigen Zeltplatz. Wählen Sie also die nächste Route mit Bedacht, und entfernen Sie sich nicht zu weit von der Zivilisation.

Typische Dauer

Von einem Abenteuerurlaub erwarten diejenigen, die so etwas freiwillig machen, längere Abwesenheit in fernen, exotischen Ländern. Dauert er nur eine Woche, gilt er als Survival-Training (auch ein Konzept, das einem Stubenhocker so fern liegt wie nur möglich). Wenn Sie TATSÄCHLICH einen Abenteuerurlaub machen müssen (weil Sie eine Wette verloren haben, andere Sie dazu zwingen oder Sie dem Wahn verfallen sind, sich selbst etwas beweisen zu müssen), dann können Sie so vorgehen:

- Das Ziel des Abenteuerurlaubs klingt nur abenteuerlich. Der abgelegene Ort in den Urwäldern Südamerikas oder der afrikanischen Savanne ist ein 5-Sterne-Hotel, in das Sie sich einschließen können. Abenteuer täuschen Sie vor, indem Sie den anderen Touristen Fotos der umliegenden Landschaft abkaufen (siehe oben: Hotelbar, Drinks etc).

- Sie täuschen einen großen Trip vor, indem Sie Tagesausflüge machen. Das bedeutet deutlich mehr Aufwand und Stress, als jeden Schritt vor die Tür zu simulieren, doch Sie haben die Möglichkeit, von Ihrem 5-Sterne-Hauptquartier aus verschiedene Lokalitäten in der Nähe aufzusuchen und abzufotografieren. Fälschen Sie die Koordinaten der Fotos. Legen Sie anhand des Kartenmaterials eine Route fest, auf der Sie »unterwegs« waren – Ihre Freunde können sowieso nicht nachvollziehen, ob ein Bild tatsächlich an diesem bestimmten Ort gemacht worden ist oder nicht. Sicherheitshalber können Sie thematisch passende Fotos von anderen Touristen abkaufen.

- Sie machen nur eine Stippvisite am Abenteuerziel. Bergsteigen am Himalaya? Warum nicht – zwei Tage Kraxeln reichen völlig aus (erster Tag Anreise, Fotos von Ihnen am Berg, zweiter Tag Abreise). Verbringen Sie die restlichen 29 Tage in einem Strandhotel am Mittelmeer mit Internetzugang und Bibliothek, oder fliegen Sie wieder nach Hause und täuschen Sie vor, nicht da zu sein.

Wie man sich vorbereiten kann

Kondensieren Sie Ihren gesamten Haushalt auf die Kubikmeter auf dem Rücken. Schließen Sie eine gute Reiseversicherung ab. Und eine gute Unfallversicherung. Und zwei oder drei gute Lebensversicherungen.

Ist besonders schlimm, weil ...

... die Verbindung von »Abenteuer« und »Urlaub« für einen Stubenhocker doppeltes Grauen bedeutet.

Skiurlaub

Umstände

Diese Erkenntnis sollten Sie auch ohne fremde Hilfe haben: Im Skiurlaub ist es KALT. Naturgemäß muss man ihn da erdulden, wo Schnee apathisch im Weg herumliegt und die Temperatur äußerst unangenehm ist (Stubenhocker werden am besten bei schattigen 15 bis 20 Grad gehalten, sonst fangen sie an zu zittern oder zu schwitzen, je nachdem). Auch hier gilt: Nichts von dem, was ein Urlaub verspricht, ist wahr. Die Lügen in Bezug auf den Skiurlaub sehen so aus:

- Sie treiben Sport. FALSCH! Richtig ist: Sie stellen sich auf Bretter und stürzen einen gefrorenen Abhang runter. Normale Menschen nennen so etwas einen unprofessionellen Selbstmordversuch. Natürlich werden Sie sich auf diese Weise an der frischen Luft bewegen – Sie sind Stubenhocker und wollen keinen Selbstmord begehen, also müssen Sie den mannigfaltigen Hindernissen auf der Strecke irgendwie ausweichen. Das tut man auf Skiern durch Gewichtsverlagerung. Ratsam ist, sein Gewicht direkt nach dem Losrutschen in den Schnee zu verlagern, also bevor Sie eine Schussfahrt aufnehmen. Arbeiten Sie sich durch kontrolliertes Stürzen in den Schnee langsam den Berg hinab. Sollten Sie versehentlich doch auf den Skiern ins Schlingern geraten und es zu gefährlich werden, sich zu Boden zu schleudern, wedeln Sie mit beiden Armen und brüllen Sie ohne Unterlass. Die meisten anderen Skifahrer, Rehe, Wölfe und Bären werden Ihnen ausweichen. Bei Bäumen ist diese Taktik nicht zu empfehlen. Bieten Sie diesen nur möglichst wenig Aufprallfläche, und atmen Sie während des Aufschlags aus. Vermeiden Sie, beim Aufprall Ihr Smartphone zu zerschmettern – Sie brauchen es noch, um Hilfe zu rufen. Jedenfalls gilt: Was Sie auf Skiern erleben, geht in einer zivilisierten Welt nicht als Sport durch.

- Sie bekommen viel frische Luft ab. FALSCH! Richtig ist: Sie stehen endlos in der Kälte rum, die Ihnen in den Lungen brennt. Am Skilift muss das Rote Kreuz die Urlauber mit Glühwein versorgen. Nach drei Tagen haben Sie Husten, nach fünf eine Lungenentzündung, nach sieben sehen Sie die Berge von oben – und zwar aus dem Rettungshubschrauber.

- Das Après-Ski macht besonders viel Spaß. FALSCH! Après-Ski ist eine Urlaubslegende, die Reisesüchtige erzählen, vergleichbar mit dem Yeti. Es klingt ein bisschen nach Glamour und guter Laune, aber es ist objektiv betrachtet auch nur ein Besäufnis von Angebern in Skianzügen in Signalfarben, die sonst nur auf der Kleidung von Müllmännern oder Verkehrspolizisten zu finden sind.

- Abends ist es in der Skihütte besonders gemütlich. FALSCH! Traditionell sind Skihütten furchtbar schlecht isoliert, und der Kamin ist verstopft. Sie kommen nach Ihrer Sturzfahrt in der Kälte an, es wird ewig dauern, bis das

Feuer brennt, und dann riecht es wie in Omas Räucher-
kammer. Direkt am Feuer tauen Sie langsam auf. Wenn Sie
Ihre Zehen wieder fühlen, müssen Sie ins Bett. Dort ist es
kalt. Am nächsten Morgen haben Sie Eisblumen auf dem
Toilettendeckel. Niemand steht freiwillig auf, um das Feuer wieder zu entfachen.

Typische Dauer

Da niemand gerne in der Kälte ist oder Skier fährt, ist ein
Skiurlaub oft schon nach einem Wochenende erledigt. Das
ist das einzig Gute, was man darüber sagen kann. Je nach
Schwere der unvermeidlichen Verletzungen sind allerdings
noch 1 bis 12 Wochen Rekonvaleszenz (teilweise vor Ort) ein-
zuplanen.

Wie man sich vorbereiten kann

Kaufen Sie alte, billige Skier, und behandeln Sie die Unter-
seite mit Kleber und Sand. So können Sie sicherstellen, dass
Sie mit den Skiern festen Halt am Abhang finden. Sparen Sie
nicht am Schneeanzug, denn Sie werden öfter und länger im
Schnee liegen als ein Weihnachtsbaum nach Silvester.

Ist besonders schlimm, weil ...

... in einem Skiurlaub alles gemeinschaftlich erledigt werden MUSS. Die Aktivität draußen, das Besäufnis drinnen
(und draußen). Sie haben kaum Rückzugsmöglichkeiten und
kommen sich bald vor wie in einer sozialen Wiedereingliede-
rungsmaßnahme am Nordpol.

Kreuzfahrt

Umstände

In der Theorie könnte einem Stubenhocker eine Kreuzfahrt genehm sein – schließlich hat er eine Bude, in der er über die Weltmeere schippert, diese wird vom Kabinenpersonal sauber gehalten, und es gibt was zu essen. Wenn man sich oft genug einschließt und genug zu lesen dabei hat, könnte man es so aushalten. Doch eine Vielzahl an Faktoren macht eine Kreuzfahrt unerträglich:

- Der Wellengang. Selbst in ruhigen Gewässern und auf einem großen Schiff – Sie haben keinen festen Boden unter den Füßen. Entweder die Bewegung ist fühlbar, oder Sie haben einfach diese nagende Gewissheit, dass Sie sich auf einem Schiff befinden. Dieser Gedanke ist mindestens genauso schlimm wie das Schaukeln an sich. Haben Sie vielleicht auch noch einen empfindlichen Magen? Dann machen Sie sich keine Illusionen.
- Das Gefängnisflair. Sie sind auf engstem Raum mit tausenden anderen Menschen, und über längere Zeiträume hinweg können Sie diesen nur aus dem Weg gehen, indem Sie sich in Ihrer Kabine verbarrikadieren. Und selbst dort hören Sie die anderen unablässig. Zudem ist Ihre Kabine ungefähr so geräumig und bequem wie eine Zelle in einer südhessischen JVA. Egal wie groß Sie sind – in Ihrem Bett können Sie sich nicht ganz ausstrecken. Auf der Toilette ist es Ihnen nur möglich, seitlich zu sitzen, weil sonst Ihre Knie nicht ins Bad passen. Der Seeblick ist in Ihrer Kabine besonders intensiv, weil Sie weit unter der Wasseroberfläche einquartiert wurden. Nur gelegentlich treibt eine fluoreszierende Qualle vorbei und erhellt die Dunkel-

heit. Auch die Massenverköstigung im Speisesaal wird bei Ihnen nur funktionieren, wenn Sie unauffällig einen Gehörschutz ins Ohr dübeln und während des Essens nicht den Blick vom Teller heben, denn die lähmende Akustik verdirbt jeden Appetit. 1992 soll sich ein Passagier im Speisesaal eines Kreuzfahrtschiffes verlaufen haben, er wurde erst zwei Wochen später verwildert und scheu unter einem der Tische gefunden. Bei längeren Fahrten von Hafen zu Hafen werden Sie bekloppt, weil Sie nur Wasser jenseits des Schiffes sehen. Vom Schiff kennen Sie irgendwann jeden Winkel, und leider sind die Rettungsboote so fest angebunden, dass Sie sie nicht alleine losbekommen.

- Die Häfen. Egal, wo Sie einlaufen, Sie werden schon von lauter freundlichen Einheimischen erwartet. Sie haben noch nicht einmal Land gewonnen, und schon werden Ihnen Dinge ins Gesicht gedrückt, die Sie unbedingt kaufen sollen: grob geklöppelte Decken, debil geschnitzte Kreuzungen aus Kaninchen, Tapir und Ananas, Teesorten, die nach Büffel in Brackwasser riechen. Ihnen werden Ausflüge und Tagesfahrten angeboten, die dem Europäischen Gerichtshof für Menschenrechte gemeldet gehören.

Die meisten Menschen sind Gewohnheitstiere. Wenn sie öfter als drei Mal an einem bestimmten Ort waren, beanspruchen sie diesen für sich. Das gilt für die Liege auf dem Sonnendeck genauso wie für den Platz im Speisesaal. Wenn Sie sich am ersten Tag zum Essen niederlassen, ist die Wahrscheinlichkeit groß, dass Sie immer dort sitzen werden. Das ist nicht mal deswegen der Fall, weil SIE das wollen, sondern weil alle anderen so unflexibel sind. Wählen Sie also Ihren Sitzplatz mit Bedacht. Die Serviceleute werden versuchen, Sie auf einen bestimmten Stuhl zu bugsieren, damit sie nicht so weit laufen müssen, aber Sie sollten unverzüglich protestieren, wenn Sie neben einem der folgenden Leute platziert werden sollen:

- Ältere, alleinstehende Damen. Sie suchen unentwegt nach Opfern, denen sie von ihrem Leben und ihrem verblichenen Ehemann erzählen können. Bevorzugt schildern sie, wie ihr Mann in der Nachkriegszeit sein Imperium (ein Ungezieferbeseitigungsunternehmen in Mühlheim an der Ruhr) gegründet hat, das nicht nur immer weiter expandierte (Filiale in Bochum, 1962), sondern das sich bei nächtlichen Notfällen einen Namen gemacht hat (die legendäre Wühlmausplage von Sprockhövel, 1965).

- Familien mit Kindern. Die Kinder werden entweder keine Lust haben, diszipliniert auf ihrem Platz auszuhalten, weil sie noch nicht lange auf dem Schiff sind, oder aber sie sind schlecht gelaunt, weil sie schon lange auf dem Schiff sind. Weil sie feige sind, werden sie ihre schlechte Laune nicht an den Eltern auslassen, sondern am schwächsten Glied der Nahrungskette dieses Tisches – nämlich an Ihnen. Es wird mehr Essen auf Ihrer Kleidung als in Ihrem Magen landen, außerdem werden die Kinder Sie nach Strich und Faden ausfragen und sofort anfangen zu weinen, wenn Sie sie zur Ordnung rufen. Falls Sie keine Wahl haben und doch an einem solchen Tisch landen, sollten Sie vom ersten Augenblick an eine bedrohliche Tarnidentität wie einen Schild vor sich hertragen: Behaupten Sie, dass Sie Lehrer seien. Mathe und Physik. Nur dann werden Sie Ruhe vor den Blagen haben.

- Weinkenner. Sie fahren nur in Urlaub, um anderen Leuten vorzuführen, wie viel sie von Wein verstehen. Sie bestellen einen »94er Cabernet du sous pomp de gaulle, aber nur Südhang«. Sobald die Flasche auf dem Tisch steht, wird sie ausführlich begutachtet. Nach intensivem Schnüffeln wird gekostet und danach zum Monolog angehoben, warum an diesem speziellen Tag in diesen Breitengraden gerade dieser spezielle Wein der richtige ist. Bestellen Sie Bier, trinken Sie schnell, und wenn der Kellner nicht flink genug ist, steigen Sie schon vor dem Nachtisch auf Schnaps um. Ihre Geschmacklosigkeit wird den Weinkenner hoffentlich davon überzeugen, dass bei Ihnen alles verloren ist, und er wird Sie in Ruhe lassen.

- Pseudo-Seebären. Sie laufen bevorzugt in einer Aufmachung rum, die wie ein schlechtes Kapitän-Karnevalskostüm wirkt, aber in der sie sich auf Augenhöhe mit dem Kommandanten des Schiffes fühlen (der sie allerdings ignoriert). Entsprechend schlecht gelaunt behandeln sie das Bordpersonal, das sie in der Rangordnung unter sich einstufen. Auch beim Essen zieht der Pseudo-Seebär seine Mütze nicht ab. Er redet in einem Seemann-Slang, den er sich aus schlechten Filmen abgeguckt hat, und erzählt stundenlang von der Zeit, als er zur See gefahren ist. Damit meint er die Phase von anderthalb Jahren, als er Kies von Aschaffenburg nach Frankfurt geschippert hat (und Kartoffeln auf dem Rückweg). Zünden Sie sich in seiner Gegenwart eine Zigarette an einer Kerze an, und schauen Sie ihm dabei intensiv in die Augen.

- Burn-out-Geschäftsleute. Sie sind auf eine lange Kreuzfahrt geschickt worden, weil sie dort keine Aktienkurse abrufen können. Natürlich tun sie es trotzdem. Ihr Psychologe hat ihnen beigebracht, dass sie über ihre Gefühle reden sollen, und daher suchen sie die ganze Zeit nach Leuten, die sich ihr Geschwafel anhören wollen. Geraten Sie in die Fänge eines gestressten Geschäftsmannes, wird er Ihnen endlose Referate über Work-Life-Balance halten und darüber, dass er nach seiner Rückkehr ein ganz neues Leben anfängt. Fragen Sie ihn, ob er von dem Börsencrash in New York vorhin gehört hat. Er wird panisch aufspringen und aus dem Speisesaal rennen, was für Sie die Chance ist, sich einen neuen Platz zu suchen.

Typische Dauer

Theoretisch kann man auf einem Kreuzfahrtschiff die Welt umrunden. Theoretisch kann man auch eine Stunde unter Wasser bleiben und dann die Radieschen von unten angucken. Bei einer Kreuzfahrt sollten Sie die Belastung Ihrer Psyche nicht unterschätzen, denn von Natur aus sind Stubenhocker eher Landratten. Planen Sie auch Zeit für die An- und Abreise zum und vom Küstengebiet ein – je nach Wohnlage und Reisedauer sind Sie vermutlich schon entnervt, wenn Ihnen die erste Möwe aufs Revers kackt.

Wie man sich vorbereiten kann

Das Wichtigste ist, dass Sie ordentliche Kleidung mitnehmen, weil Sie sonst nicht in den Speisesaal gelassen werden und nur kümmerliche Reste in Ihrer Kabine zu sich nehmen dürfen. Außerdem sollten Sie sich wetterfest ausrüsten, denn rau ist die See. Immer. Deswegen hält man sich als Stubenhocker eigentlich von ihr fern. Man ist ja kein Kutterhocker.

Ist besonders schlimm, weil …

… Sie natürlich »Titanic« gesehen haben.

Pilgerreise

Umstände

Eine Pilgerreise macht man zu sich selbst. Als Stubenhocker werden Sie Schwierigkeiten haben, das zu verstehen, weil Sie längst bei sich angekommen sind und deswegen auch nicht wegmüssen, zumal Sie eh nur dort ankommen würden, von wo Sie aufgebrochen sind. Doch statt dass solche Absurditäten sich als Allgemeinwissen durchsetzen, gelten Pilgerreisen immer noch als erstrebenswert, und alle, die zu einer aufbrechen, werden bewundert, weil sie ja von ihrer Reise als besserer, weiserer Mensch zurückkehren – ganz sicher. Man könnte es auch »Wellness durch Rumlatschen« nennen.

Als Pilgerreisender sind Sie der Unbill des Wetters besonders heftig ausgesetzt. Auf einem Pauschalurlaub haben Sie – meistens – ein Dach über dem Kopf und werden mit Essen versorgt. Wenn Sie pilgern, folgen Sie Wegweisern durch eine unwirtliche Gegend, immer in der Hoffnung, vor dem nächsten Gewitter in einer der Herbergen am Wegesrand unterzukommen.

Das klingt wie eine Abenteuerreise, doch in Wirklichkeit verhalten sich die beiden Reisearten komplett diametral zueinander. Während es bei der Abenteuerreise darum geht, in kurzer Zeit möglichst viel zu erleben, geht es bei der Pilgerreise darum, in langer Zeit möglichst wenig zu erleben. Pilgerreisen werden deswegen bevorzugt von Herzinfarktkandidaten, hyperaktiven Leuten aus der Medienbranche und herrenlosen Hunden gemacht. Der größte Unterschied zu einer Abenteuerreise besteht darin, dass diese von Unwägbarkeiten lebt, von Herausforderungen, von unbekannten Wegen. Das sind Dinge, die Stubenhocker ablehnen. Eine

Pilgerreise dagegen geht geradlinig auf einem deutlich ausgeschilderten Pfad entlang, und unterwegs gibt es viele Möglichkeiten, als Tourist ausgenommen zu werden, was Stubenhocker genauso verabscheuen, allerdings geringfügig weniger. Das Deprimierende an einer Pilgerreise ist, dass man die ganze Zeit weiß, wie VERDAMMT WEIT der Weg vor einem noch ist. Pilgerreisende sieht man oft mit riesigen Landkarten am Straßenrand stehen, doch nicht etwa, weil sie sich verlaufen hätten – die Schilder versichern ihnen immerzu, dass das nicht der Fall ist –, sondern weil sie anhand des Namens des Kaffs, durch das sie geleitet werden, sehen wollen, wie weit sie schon gekommen sind.

Pilgerstrecken sind exzellent ausgebaut. Es gibt regelmäßig Herbergen, die sich über Gäste freuen, vor allem deswegen, weil die Gäste ohne Auto anreisen und nicht nach Alternativen suchen können. Außerdem lässt nach einer bestimmten Kilometerzahl die Leistungsfähigkeit nach, sodass der Pilger oft keine andere Wahl hat, als die Herberge zu wählen, die er mit letzter Kraft erreicht. Außerdem sind Pilgerstrecken fürchterlich niederschmetternd. Sie führen entweder zu irgendwelchen Gräbern oder Sterbeplätzen, oder sie folgen dem Weg eines Leichenzugs. Jedes Gothic-Festival verbreitet mehr gute Laune als das Schlurfen auf einer Pilgerstrecke.

Natürlich ist der Sinn einer Pilgerreise, eine innere Ausgeglichenheit zu finden und über alle möglichen Dinge nachzudenken, also all das, was Stubenhocker in den eigenen vier Wänden sowieso tun. Als Pilger ist man gezwungen, das Ganze unterwegs zu erledigen, was – wenn man ehrlich sein will – stinklangweilig ist, weil man zwischendurch keinen Kaffee trinken kann. Es liegt also an Ihnen, eine Pilgerreise zu einem interessanten Erlebnis zu machen, sonst langweilen Sie sich unterwegs zu Tode (vermutlich wie derjenige, nach dem der Pfad benannt ist), und das funktioniert am besten durch außergewöhnliche Ziele:

- Bestzeiten erreichen! Installieren Sie auf Ihrem Smartphone eine Sport-App und aktivieren Sie GPS, um Ihre Route aufzuzeichnen. Schlendern Sie nicht, sondern MARSCHIEREN Sie. Wenn Sie andere Pilger überholen, sollten Sie trotz Ihres Rucksacks auch etwas rennen. Deuten Sie auf die langsamen Pilger, und lachen Sie beim Überholen, oder intonieren Sie lauthals die Rocky-Hymne. Montieren Sie hinten an Ihrem Rucksack ein rotes Warnlicht und eine Tröte, die Sie beide auf Knopfdruck auslösen können. Lassen Sie vor Ihrer Reise ein Nummernschild mit dem Schriftzug »TURBOPILGER« herstellen, das Sie unten am Rucksack befestigen. Geben Sie abends in der Herberge vor den anderen Pilgern mit Ihren Zwischenzeiten, Ihrer Pace und der erwarteten Zielzeit an.

- Agenten-Pilgern! Stellen Sie sich vor, Sie wären ein Geheimagent und sollen einen verdächtigen Pilger beschatten. Laufen Sie immer in Sichtweite hinter ihm, aber nie direkt in seiner Nähe. Wenn er eine Pause macht, machen auch Sie eine. Wenn er das Tempo anzieht, tun auch Sie das. Übernachten Sie immer in der gleichen Herberge wie er. Essen Sie zur gleichen Zeit – aber nie an seinem Tisch. Tun Sie immer so, als würden Sie sich überhaupt nicht für ihn interessieren, aber pflegen Sie ein Journal darüber, wie weit er läuft, wo er übernachtet, was er isst, wie er sich verhält. Wenn er vorsichtig mit Ihnen Kontakt aufnehmen will, geben Sie sich schmallippig und desinteressiert. Wenn er Sie darum bittet, seine Privatsphäre zu respektieren, nicken Sie freundlich. Und heften sich im nächsten Moment wieder an seine Fersen.

- Witzetraining! Wenn Sie schon auf eine Pilgerreise gehen, sollten Sie die Chance nutzen, an Ihrer Sozialkompetenz zu arbeiten. Kaufen Sie ein Witzebuch, und nehmen Sie sich vor, es bis zum Ende der Pilgerreise auswendig zu können. Testen Sie die Witze unterwegs an anderen Pilgern. Wenn gerade keiner in der Nähe ist, warten Sie am Wegesrand, bis einer kommt, und hängen sich an ihn dran. Entwickeln Sie selbst Pilgerwitze, und probieren Sie diese am lebenden Objekt aus. Beispiel: »Kommt ein Pilger zum anderen und sagt: Ich wollte mit Jakob auf den Jakobsweg, aber der Jakob war schon weg, HAHA!« Wenn Sie auch auf einer Pilgerreise keine Lust haben, sich groß mit anderen Menschen rumzuschlagen, erzählen Sie sich die Witze einfach selbst. Sie werden nicht der einzige Pilger sein, der seltsame Dinge in seinen Bart murmelt.

Typische Dauer

Sie variiert je nachdem, wie gut Sie zu Fuß sind. Wählen Sie also eine Pilgerreise Ihrer Form entsprechend aus. Vielleicht gibt es ja einen Pilgerpfad, der nur bis zum anderen Ende der Stadt oder ins Nachbardorf führt. Wenn das nicht der Fall ist, rufen Sie ihn einfach ins Leben, bauen Sie eine kleine Homepage für ihn, und schildern Sie ihn aus. Benennen Sie ihn nach sich selbst. Dann können Sie Ihre Pilgerreise noch vor dem Mittagessen abhaken. Auf offiziellen Routen sollten Sie mehrere Wochen einplanen oder einfach betrügen und Abkürzungen suchen oder Taxi fahren.

Wie man sich vorbereiten kann

Kaufen Sie alles, was für die Wundversorgung nötig ist. Sie werden Schmerzen an Körperstellen haben, derer Sie sich vorher nie bewusst waren, vor allem unterhalb der Knie.

Glauben Sie nicht den Verkäufern – Sie müssen nicht Unsummen für Schuhwerk ausgeben. Durchschnittsware reicht völlig aus. Ihre Füße werden nach der Pilgerreise so oder so aussehen, als hätten Sie stundenlang in Badeschlappen auf Vulkangestein für die Weltmeisterschaft im Stepptanz trainiert.

Ist besonders schlimm, weil ...
... man ständig in Bewegung sein muss.

Dienstreise

Umstände

Welche Schrecken genau Sie auf einer Dienstfahrt erdulden müssen, hängt natürlich von Ihrem Beruf und Ihrer Branche ab. Das entscheidet über die Umstände, in denen Sie verreisen müssen ebenso wie über die Reiseziele. Aber es gibt unumstößliche Wahrheiten über Dienstreisen, egal, ob man nur mal schnell für ein kurzes Meeting die A9 runter nach München fährt oder zu einem einwöchigen Workshop nach New York jettet:

- Als Angestellter haben Sie nie die Freiheit, eine Dienstreise nach eigenem Gusto zu buchen, das wird alles für Sie von »der Zentrale« erledigt. Das sind die Profis mit den besten Kontakten zu Anbietern, Reiseveranstaltern, Verkehrsunternehmen. Natürlich dürfen Sie Wünsche äußern, was den Transfer und die Unterbringung angeht, aber natürlich werden diese Wünsche nie bei der Person ankommen, die sich tatsächlich um alles kümmert, sondern nur beim Schülerpraktikanten, der Ihnen daraufhin eine Tageskarte für die S-Bahnen in der falschen Stadt bestellt. Auch sonst müssen Sie nehmen, was »die Zentrale« Ihnen bietet: Sie wollten im Zug ein Abteil mit Fensterplatz? Sie werden im Großwagenabteil im Gang sitzen und von einer Sekt zwitschernden Rentnergruppe umzingelt sein. In der Zielstadt sind Sie in einem zwielichtigen Hotel in Bahnhofsnähe untergebracht, weil die Firma das schon seit 30 Jahren so macht. Dummerweise ist der Workshop inzwischen nicht mehr um die Ecke, sondern draußen in einem ehemaligen, mittlerweile insolventen Möbelhaus, das Sie nur erreichen, wenn Sie drei verschiedene Straßenbahnen fahren und dann noch einen Kilometer an Häusern mit vernagelten Fenstern vorbei zu Fuß gehen. Fürs Taxi ist kein Budget vorgesehen, weil das gewohnte Hotel inzwischen so teuer ist.

- Mit einer Dienstreise geben Sie jede Oberhoheit ab und lassen Bürokraten entscheiden, die vor allem nach den Reisekosten gehen, nicht nach der Vermeidung von Wahnsinn, wie Sie das tun würden. Seien Sie also ruhig penetrant. Schicken Sie dem Sekretariat eine genaue Aufstellung von dem, was Sie bei einer Reise tolerieren (5 Sterne, Budget für Taxifahrten, flexible Reisetermine) und was nicht (fehlendes Frühstück, Gedrängel in der Tram, Zugbindung). Führen Sie auch selbst Recherchen über die Routen und Zielstädte durch, und machen Sie präventiv Vorschläge, wo und wie Sie untergebracht werden könnten. Ihrem Ruf in der Firma wird das nicht zuträglich sein, aber so erzielen Sie auch den schönen Nebeneffekt, dass man in Zukunft vielleicht davon absieht, Sie auf eine Dienstreise zu schicken.

- Auf Dienstreisen lernt man Kollegen von ihrer privaten Seite kennen. Ob man will oder nicht. Angestellte Stubenhocker sind natürlich auch im Berufsalltag auf ihre Privatsphäre bedacht – und dann ist man plötzlich mit dem Hansel aus dem Marketing im Doppelzimmer gelandet, weil das billiger als ein Einzelzimmer ist. Völlig unvermittelt wird aus diesem vagen Kontakt von der Mailingliste wegen der neuen Kampagne ein echtes Wesen aus Fleisch und Blut mit sämtlichen Hautirritationen und Geräuschen, die dazugehören. Und schlimmer noch – diese Person wird näher an SIE herankommen, als Ihnen recht ist, und viel Wissen über Sie sammeln. Versuchen Sie also, auch im Hotelzimmer dieser Person aus dem Weg zu gehen. Schließen Sie sich in der Toilette ein.

- Der Termindruck ist immens. Im Gegensatz zu einem Urlaub besteht eine Dienstreise nur aus Terminen, die eingehalten werden müssen – und einer ganzen Kette von Verspätungen oder Absagen, wenn etwas dazwischenkommt. Schlimmstenfalls geht der ganze Zweck der Dienstreise schief, und sie muss wiederholt werden.

Typische Dauer

Eine Dienstreise hat keine typische Dauer. Sie hat auch keinen typischen Ablauf. Das macht sie ja so spannend und für Stubenhocker so unangenehm.

Wie man sich vorbereiten kann

Legen Sie sich ein dickes Fell zu. Das ist aber nicht wörtlich zu verstehen. Außer Sie müssen dienstlich zum Südpol. Legen Sie sich in diesem Fall zwei dicke Felle zu.

Ist besonders schlimm, weil ...

... Sie vielleicht sogar mit Ihrem Chef auf Dienstreise gehen müssen.

Lustreise

Dieser Begriff ist ein Mythos. Es gibt keine »Lustreisen«, das ist ein Widerspruch in sich. Der Begriff gehört im Sprachgebrauch ersetzt durch »Frustreise«, was natürlich jede Art von Reise umfasst.

6
Pendeln

Auch als Stubenhocker will man gut leben, und um zu leben, muss man Geld verdienen. Als Einnahmequelle hat sich Stubenhocken nur in manch zwielichtigem Beruf bewährt (Drogendealer, sexueller Dienstleister, Autor), daher sind viele Stubenhocker gezwungen, als Angestellte zu arbeiten – müssen also im Sinne des Broterwerbs an einem Werktag die gute Stube verlassen. Das ist bedauernswert, aber unvermeidbar. Jedoch können Sie mit einer effizienten Planung das Pendeln so kurz wie möglich halten und mit sinnvollen Tätigkeiten unterfüttern.

Optimieren Sie die Route

Je nach Verkehrsmittel sollten Sie verschiedene Routen in der Praxis probieren. Wann herrscht auf welcher Strecke das höchste Verkehrsaufkommen, das es zu vermeiden gilt? Wo kann man mit dem ÖPNV eine Verbesserung erreichen – und wo sollte man diesen gerade meiden? Testen Sie sich durch die unterschiedlichsten Möglichkeiten, und halten Sie immer Ausweichstrecken bereit. Ganz wichtig: Lassen Sie sich auf keinen Fall auf eine Fahrgemeinschaft ein. Das mag gut für Ihr ökologisches Gewissen sein, aber als Stubenhocker belasten Sie die Umwelt sowieso wenig genug, da sollten Sie nicht das Opfer bringen, sich bei tüdeligen Autofahrern auf den Beifahrersitz zu setzen, denen egal ist, ob sie auf der einen oder anderen Autobahn fahren – Sie selbst wissen am besten, welche Route zu nehmen ist, um nicht die sieben Minuten zu verlieren, die Sie NIE WIEDER ZURÜCKBEKOMMEN!

Vergessen Sie nicht die Ernährung

Pendelstrecken sind chronisch überfüllt. Nahrungsbeschaffung und -aufnahme müssen optimiert sein. Steuern Sie jeden Tag morgens die gleiche Bäckerei an, kaufen Sie immer die gleichen Waren. Bald werden Sie die Verkäuferin so konditioniert haben, dass sie bei Ihrem Anblick das Gewünschte unaufgefordert herausgibt. Halten Sie das Geld abgezählt bereit. Finden Sie durch Experimentieren auf der Fahrtstrecke heraus, wo es sich am besten im Auto essen lässt, ohne die Geschwindigkeit zu verringern oder in eine Radarfalle zu geraten. Auch in öffentlichen Verkehrsmitteln sollten Sie sich um Ihr leibliches Wohl kümmern, auch wenn Ihre leckeren Sachen für neidische Blicke sorgen.

Fahren Sie IMMER mit Navigationsgerät

Spontan umgekippte Bäume oder doofe Verkehrsteilnehmer können jederzeit für kurzfristige Sperrungen sorgen. Sie können sich dann auf Ihren Orientierungssinn verlassen oder Ihr Navigationsgerät. Wenn Sie mit den Fähigkeiten einer Brieftaube gesegnet sind und beim Lenken des Wagens katzenhafte Reflexe besitzen – bestens. Wenn Sie beim Fahren nach Bauchgefühl allerdings glauben, eine tolle Parallelstraße gefunden zu haben, aber bei Sonnenuntergang von einem einheimischen Bauern Ihren Wagen aus dem Sumpf ziehen lassen müssen, halten Sie sich lieber sklavisch an Ihr Navi. Es kennt die Gegend besser als Sie, und die meisten Modelle beachten aktuelle Verkehrsmeldungen. Sorgen Sie dafür, dass das Kartenmaterial auf dem neuesten Stand ist. Im Zweifel überstimmt ein Schild mit einer Aufschrift wie »Geänderte Vorfahrt« oder »Vorsicht! Sprengung« oder eine abgerissene Brücke das Navi.

Suchen Sie nach der idealen Zug-Einstiegsposition

Ein Zug oder eine S-Bahn hält immer an der gleichen Stelle. Das sollten Sie ausnutzen. Es gibt sicher eine Stelle, an der weniger Leute einsteigen und Sie sich einen Platz sichern können. Erfahrungsgemäß ist es das Ende des Zuges, das am weitesten weg von Kiosk, Kaffee- und Zigarettenautomat liegt. Vorsicht: Manchmal ist dort das Erste-Klasse-Abteil, und von den Angebern, die darin sitzen, sollten Sie sich aus Prinzip fernhalten (es sei denn, Sie sind selbst einer).

Vorsicht: andere Pendler

Schon bald werden Sie bemerken, dass Sie an jedem Werktag, an dem Sie zu der für Sie üblichen Zeit unterwegs sind, die gleichen Gesichter sehen. Gerade in Zügen und S-Bahnen ist dann die Gefahr, dass diese sich mit Ihnen sozialisieren oder solidarisieren wollen. Denn Fluchen über Verspätungen, das Wetter oder die Welt im Allgemeinen sind elementare Bestandteile des Pendelns. Natürlich haben Sie keine Lust darauf und möchten nur in Ruhe zu Ihrer Arbeitsstelle kommen. Sie brauchen also Kopfhörer und ein Buch oder einen E-Reader. Selbstredend können Sie auch einfach wie die anderen Pendelzombies auf Ihr Smartphone oder ins Nichts starren. Vermeiden Sie auf alle Fälle jeden Anschein von Geselligkeit oder aufrichtigem Interesse an anderen Leidensgenossen. Ehe Sie sich's versehen, werden Sie erst zum Geburtstag eingeladen, müssen dann bei ihrem/seinem Verfahren wegen Fahrerflucht als Zeuge auftreten, rein aus Gefälligkeit, und bei ihrem/seinem Umzug helfen, wenn sie/er von Gatte/Gattin rausgeschmissen wird. Dann schenkt sie/er Ihnen das Meerschweinchen, weil sie/er dafür keine Zeit mehr hat. Und das alles nur, weil Sie damals in der S2 für sie/ihn auf dem Smartphone nachgesehen haben, wie spät es ist.

Es kann natürlich auch passieren, dass ein Mitpendler ein Stubenhocker wie Sie ist – und damit ein Kandidat für Ihr asoziales Netzwerk. Da Sie jeden Tag mit den gleichen Leuten pendeln, werden Sie Gleichgesinnte bald erkennen. Knüpfen Sie ruhig vorsichtig mit diesen Leuten Kontakt. Schon weil Sie sich nebeneinander setzen können, was verhindert, dass eine Plaudertasche neben Ihnen landet.

Stubenhocken am Arbeitsplatz

Wenn Sie einen Bürojob und nicht (oder nur eingeschränkt) mit Publikumsverkehr zu tun haben, können Sie wenigstens ein bisschen Stubenhockerflair umsetzen:

- Hängen Sie ein Schild mit Sprechzeiten an die Tür (z.B. »MI 13:30 – 14:00«).
- Arbeiten Sie in einem Großraumbüro, stellen Sie Raumtrenner auf, um Ihr kleines Reich zu schützen. Ersatzweise können Sie auch Pflanzen aufbauen, die eine vergleichbare Wirkung erreichen (z.B. Palmen mit sehr großen Blättern).
- Sprechen Sie mit der Geschäftsleitung, ob Sie nicht ab und an (z.B. vier Tage die Woche) im Home Office arbeiten können. Ist das nicht möglich, versuchen Sie durchzusetzen, dass Sie gelegentlich (z.B. immer vormittags) Ihren Arbeitsplatz mit dem Notebook frei wählen können.
- Ignorieren Sie ruhig mal das Telefon, wenn es Ihnen zu oft klingelt. Stellen Sie es auf lautlos.

7

Packen Sie's an:
Der kalte Krieg
der Reisevorbereitung

Es ist passiert. Der Anruf, den Sie befürchtet haben, ist gekommen. Kaum haben Sie aufgelegt, bilden sich Schweißtropfen auf Ihrer Stirn. Ihr Hals ist trocken. Nur mit Mühe können Sie das Zittern eindämmen, das sich Ihrer Extremitäten bemächtigen will. Bleib ruhig, sagen Sie sich immer wieder, bleib ruhig. Sie wussten, dass dieser Anruf irgendwann kommen würde. Er war unvermeidlich. Sie haben alles getan, was Sie konnten, um noch die Kurve zu kriegen, doch die Fügung hat es anders gewollt. Es gibt kein Zurück mehr. Sie müssen lernen, mit diesem Schicksalsschlag zu leben.

Sie müssen verreisen.

Duschen Sie kalt, meditieren Sie, oder essen Sie was Fettiges – Hauptsache, Sie fühlen sich danach gut und können sich dieser Herausforderung stellen. Das A und O ist nun die Vorbereitung. Denn niemals dürfen Sie unbedacht losziehen, egal, ob es sich um einen Ausflug, eine Dienstfahrt oder einen Urlaub handelt.

Lassen Sie sich bloß nicht von unternehmungslustigen Freunden überreden, nur die Zahnbürste und ein paar frische Unterhosen einzupacken. Sie werden nur aufs Glatteis geführt. Aus dem unvorbereiteten Kurztrip wird eine Fahrt in ein spanisches Feriengebiet, wo Sie mehr trinken müssen, als für Sie gut ist. Am nächsten Morgen kommen Sie halb nackt an Strand 3 bei den Feriensiedlungen weiter südlich zu sich. Dann helfen Ihnen weder Zahnbürste noch blütenweiße Unterhosen wesentlich weiter.

Was Sie packen sollten

Natürlich, die Zahnbürste und ein Dutzend frische Unterhosen gehören trotzdem dazu, aber sie sind nicht überlebenswichtig. Hygiene können Sie notfalls nachholen, wenn Sie wieder zu Hause sind. Unterwegs gilt es, die geistige Gesundheit zu pflegen, denn die Beeinträchtigungen, die diese während einer Reise erleiden kann, bilden Narben, die ein Leben lang zurückbleiben.

Smartphone

Es ist nicht nur in Ihrer Wohnung ein absolut notwendiges Utensil. Gerade auf Reisen ist es unverzichtbar! Mit GPS und dem Kartenmaterial reisen Sie schneller und effizienter von allen Orten ab oder haben Fluchtwege und Umgehungsrouten immer zur Hand (sprich: Zugriff auf die uneingeschränkte Möglichkeit, anderen Leuten aus dem Weg zu gehen). Sie werden feststellen, dass Sie per Smartphone-App realistischere Auskünfte über die Verspätung Ihres Zuges bekommen, als wenn Sie am Bahngleis stehen. Außerdem können Sie Ihr Smartphone mit Musik, Filmen und Büchern füllen, damit Ihnen nicht langweilig wird. Und langweilig wird Ihnen werden, wenn Sie mehrere Stunden in einen Zug/ein Flugzeug/ein Auto/auf den hinteren Sitz eines Mopeds gestopft sind. Wenn Sie sich medial noch besser ausrüsten wollen, schaffen Sie sich ein Tablet an – oder ein Notebook.

2 Paar Kopfhörer

Ja, zwei. Nicht nur eins. Denn Kopfhörer haben die Angewohnheit, immer dann den Geist aufzugeben, wenn man sie am nötigsten braucht, nämlich auf langen Zugfahrten. Haben Sie einen kommunikativen Sitznachbarn, der es auch als Gesprächsangebot versteht, wenn Sie Ihre Nase in ein Buch stecken, müssen Sie Müdigkeit oder Handygespräche vortäuschen. Am Ende schlafen Sie noch wirklich ein (was nicht ratsam ist, denn Sie wollen ja den Ausstieg nicht verpassen) oder müssen stundenlang das Handy ans Ohr halten und so tun, als würden Sie mit jemandem reden. Wenn Sie ein zweites Paar Kopfhörer dabeihaben, kann Ihnen nichts geschehen.

Trinkwasser

Sicher, Wasser kann man an jeder Ecke kaufen. Aber gerade dort, wo viele Reisende unterwegs sind, wird für eine 0,5-Liter-Flasche mit entkalktem französischem Spülwasser ein halber Tageslohn verlangt. Stellen Sie sich in Sichtweite der verbrecherischen Verkäufer, und holen Sie demonstrativ Ihre mitgebrachte Wasserflasche raus. Winken Sie damit. Grinsen Sie.

Müsliriegel

Sie sind unverzichtbare Energiespender. Wenn keine Zeit bleibt, unterwegs Essen zu kaufen oder der Zug zwischen Holzminden und Göttingen rumsteht und keiner weiß, wann es weitergeht, werden Sie glücklich sein, einen Müsliriegel dabeizuhaben. Packen Sie am besten gleich zwei ein. Ach, malen wir ruhig den Teufel an die Wand – drei.

Halsbonbons und Kaugummi

Unverzichtbar, um Luft- und Speiseröhre geschmeidig zu halten. Hilft dabei, sich nicht dauernd zu vergegenwärtigen, wie viele Viren Ihre Mitreisenden gerade in die Luft schnaufen und welche Gerüche sie verströmen. Bonbons und Kaugummi geben Ihnen wenigstens die Illusion, etwas dagegen zu tun, indem Sie eine für Viren undurchdringbare Schicht auf die Schleimhäute legen. Was natürlich kompletter Blödsinn ist, aber als Reiseunwilliger klammert man sich an jeden Strohhalm. Außerdem können Sie Ihrer Abneigung gegen das Reisen schmatzend Ausdruck verleihen.

Kleingeld

Als moderner, kartenzahlender, E-Banking-liebender Stubenhocker ist das Konzept von kleinen runden Metallplatten, die zum Einsatz kommen, um überteuerte Dinge zu erwerben, für Sie inzwischen fremd. Umso wichtiger ist, dass Sie auf einer Reise IMMER Münzen verschiedener Größenordnungen griffbereit haben. Wenn im Zug mal wieder alle Toiletten defekt sind und Sie nach dem Zughalt rausstürzen und zur Bahnhofstoilette rennen, wollen Sie nicht erst Geld wechseln müssen, um die Schranke zum Nirwana passieren zu können. Außerdem brauchen Sie immer wieder Kleingeld für Kofferaufbewahrung, Bratwurst, Kaffee, Bestechung der Schaffner (bessere Plätze), Trinkgeld. Halten Sie also immer alle Münzgrößen griffbereit.

Schmerztabletten

Nichts ist unangenehmer, als in einem überfüllten Zug fahren zu müssen und dabei Kopfschmerzen zu haben. Oder Übelkeit. Oder Atemnot. Oder Verfolgungswahn. Oder eingerissene Fingernägel (in diesem Fall empfiehlt sich eine Nagel-schere). Als Regel gilt: Sie sollten keine Reise über 30 Minu-ten antreten, ohne mindestens Kopfschmerztabletten dabei-zuhaben. Ab 60 Minuten müssen Sie je nach Konstitution mit weiterführenden individuellen Symptomen rechnen, die es zu bekämpfen gilt. Sie werden schon einige leidvolle Er-fahrungen auf Reisen gemacht haben, also sollten Sie sich entsprechend ausrüsten. Eine Reise ist immer mit Schmer-zen verbunden, daher ist die Reiseapotheke Ihr neuer bester Freund!

Lesestoff

Herzlichen Glückwunsch! Sie lesen gerade ein Buch! Und Sie sind schon relativ weit gekommen. Das ist ein untrüglicher Hinweis, dass Sie den Freuden des geschriebenen Wortes nicht abgeneigt sind. Lesestoff ist für jede Reise unabkömm-lich. Dabei spielt es keine Rolle, ob Sie eine Tageszeitung, ein Magazin, ein Buch oder einen E-Reader mitnehmen. Wich-tig ist nur, dass Sie etwas zur Hand haben, in das Sie sich vertiefen können. Wenn Sie das nicht tun, werden Sie aus purer Verzweiflung zum Bahn-Magazin greifen oder zerris-sene Sportartikelfetzen vom Abteilboden klauben, bloß um sich von der nervtötenden Reise abzulenken.

Wie Sie packen sollten

Wenn Sie schon verreisen müssen, sollten Sie es wie ein Pro-fi tun und nicht wie ein blutiger Anfänger, der minutenlang sein Ticket sucht oder orientierungslos am Ende der Roll-treppe stehen bleibt. Ihr Reisegepäck muss einfach PERFEKT organisiert sein. Das gilt weniger für die Koffer mit der Wä-sche, sondern in erster Linie für die Reisetasche, in der Sie

die im vorhergehenden Kapitel genannten Utensilien aufbewahren. Ihr Gepäckstück sollten Sie je nach Kraft und Kör-
pergröße wählen. Kaufen Sie nicht das Erstbeste, das Sie im
Laden finden oder das Ihnen das Personal aufschwatzen will,
sondern evaluieren Sie eine großzügige Auswahl an Taschen.
Bringen Sie alle lebenswichtigen Dinge, die Sie auf einer Reise mitnehmen müssen, in das Geschäft und breiten Sie sie
auf dem Boden aus. Rufen Sie das Personal, deuten Sie auf
Ihr Survivalkit, und sagen Sie: »Ich brauche eine Reisetasche,
in die mein gesamter Kram passt und griffbereit ist.« Verhindern Sie, dass das Personal die Polizei ruft, und verlangen Sie,
mit dem Chef zu sprechen. Idealerweise hat der Verständnis
für Ihre Lage und hilft Ihnen persönlich bei der Auswahl.

Folgende Faktoren spielen bei Ihrer Reisetasche eine
Rolle:

- Dokumentenfach. Ein leicht zugängliches Fach oder ein
  Einschub, in dem sich alles bis DIN-A4-Größe verstauen
  lässt. Hier kommen Ihre Tickets, Fahrkarten, Hotelreser-
  vierungen oder sonstige Reiseunterlagen rein. Maximal ein
  Reißverschluss sollte Sie von diesen Unterlagen trennen.
  Aber achten Sie darauf, dass dieses Fach vom Hauptstau-
  raum der Tasche abgetrennt ist, denn dort werden Sie Ihre
  Wasserflasche und vielleicht Tüten mit zuckrigen Backwaren platzieren. Ihre Unterlagen sollten sicher vor even-
  tuellem Durchsiffen sein! Im günstigsten Fall befindet sich
  dieses Fach hinten an der Tasche und ist nicht im Hauptfach integriert.

- Unterteilter Stauraum. Das Hauptfach sollte nicht einfach
  nur eine einzige große Leere, sondern durch flexible Raumtrenner unterteilt sein. Idealerweise ist ein gepolstertes
  Notebook-Fach dabei, in das Sie nicht zwangsläufig ein
  Notebook deponieren müssen, sondern in dem Sie auch

viele andere Dinge verstauen können, die nicht beschädigt werden dürfen (Käsebrötchen, Wurstbrötchen). Hier muss außerdem Ihre Wasserflasche Platz finden – der perfekte Kompromiss zwischen Größe, Gewicht und Durstlöscher-kapazität sind 0,75 l. Das ist genug, um unterwegs nicht zu verdursten, aber nicht so viel, dass Sie sich einen Bruch heben. Nehmen Sie um Gottes willen stilles Wasser! Wer schon einmal einem Zug hinterhergehetzt ist und dann einen Schluck aus seiner Pulle Mineralwasser nehmen wollte, hat beim Öffnen sein blaues Wunder erlebt.

- Fächer. Im Vorderteil der Tasche sollten sich viele kleine Fächer verbergen. Hier können Sie Kaugummi, Taschentü-cher, Stifte, Taschenmesser, USB-Sticks, Pfefferspray und Kopfschmerztabletten verteilen.

Testen Sie die Taschen im Laden, ob sie diese Bedingungen erfüllen. Lassen Sie vom Verkäufer die Zeit stoppen, die Sie benötigen, um an bestimmte Sachen zu gelangen. Wenn Sie nicht genug Material zum Testlauf im Laden mitbringen kön-nen, weil Sie beispielsweise gerade kein Notebook griffbereit haben, packen Sie mit Sand gefüllte Gefriertüten ein, um Ex-trembelastungen zu simulieren. Erkundigen Sie sich, ob Sie die Tasche, die infrage kommt, ein wenig durch die Stadt probe-tragen dürfen, um die Ergonomie des Schultergurts praxis-nah zu testen. Wenn Sie aus dem Laden geworfen werden, behalten Sie die genaue Typenbezeichnung der ausgewählten Tasche im Kopf, um sie in einem anderen Laden kaufen oder im Internet bestellen zu können.

Natürlich sollten Sie auch Ihre Koffer so packen, dass Sie am Zielort nicht lange nach bestimmten Sachen wühlen müs-sen. Sie werden erschöpft, übermüdet und mit den Nerven am Ende in Ihrem Hotelzimmer ankommen. Das Letzte, wo-nach Ihnen in diesem Zustand der Sinn steht, ist, Ihren Koffer auszuräumen. Verstauen Sie also alles so, dass Sie Ihren Schlafanzug und Ihren Kulturbeutel ganz oben haben. Wenn Sie mal wieder auf einem Flughafen stranden, weil irgendein Vulkan ausgebrochen ist, drei Lotsen streiken oder das Flugzeug falsch geparkt wurde, werden Sie glücklich über diese weise Voraussicht sein.

Richtig abreisen

Wenn Sie verreisen, rechnen Sie grundsätzlich mit dem Schlimmsten: Flugzeugabsturz, Vergiftung am Büffet, von Wildschweinen zerfleischt. Daher sollten Sie immer Vorsorge für den Ernstfall treffen. Nein, Sie müssen nicht gleich Ihr Testament machen (das haben Sie wahrscheinlich sowieso längst – sicher ist sicher), aber Sie sollten Ihre Wohnung und überhaupt Ihr ganzes Leben geordnet zurücklassen, damit es entweder bei Ihrer ersehnten Rückkehr ist, als würden Sie in Ihre Lieblingsdecke schlüpfen, oder damit Ihre Hinterbliebenen es möglichst leicht haben, ans Erbe zu kommen.

Abmelden

Natürlich sollten Sie die wichtigsten Personen in Ihrem Leben über Ihre Reise in Kenntnis setzen. Schicken Sie ihnen alle Reisedetails, derer Sie habhaft werden können: Adresse des Hotels, Telefonnummer des Hotels, E-Mail-Adresse des Hotels, Telefonnummer des Reiseveranstalters, Hotline der Fluglinie, Lageplan der Abflughalle, Kartenausdruck der Gegend des Hotels, diverse Busfahrpläne vor Ort. Familie und gute Freunde wissen diese Transparenz zu schätzen. Listen Sie detailliert alle Transferzeiten auf. Versäumen Sie auch nicht, die Zurückgelassenen über Verspätungen oder Veränderungen zeitnah auf dem Laufenden zu halten.

Wie die Wohnung zurückbleiben sollte

Natürlich haben Sie vertrauenswürdigen Leuten aus Ihrem Umfeld einen Zweitschlüssel gegeben für die Zeit, in der Sie weg sind. Oder nicht vertrauenswürdigen Leuten wie Ihrem Vermieter. Und gerade deswegen muss Ihre Wohnung in einem Zustand zurückbleiben, an dem nichts beanstandet werden kann. Der Vermieter wird sowieso die Chance nutzen und die Wohnung außerplanmäßig inspizieren. Wahrscheinlich werden sich sogar Ihre Freunde einen Spaß daraus machen, sich alles genauer anzuschauen.

Mögliches Diebesgut wie Bankzugangsdaten oder -unterlagen sollten Sie im Safe oder in mit Mausefallen präparierten Unterhosenschubladen aufbewahren. Versehen Sie Ihren Rechner mit mehreren Passwörtern, und verschweißen Sie das Gehäuse, damit die Festplatte nicht geklaut werden kann. Stellen Sie in der Wohnung an strategisch günstigen Plätzen ein paar wertvoll wirkende sperrige Objekte auf: Röhren-TV, VHS-Recorder, Plattenspieler, gigantischer Modeschmuck, Sitzgelegenheiten mit viel Lametta, eine alphabetisch sortierte Steinsammlung minderwertiger, aber schön funkelnder Kristalle, lebensgroße violette Plüschnachbildungen indischer Tierarten, einen Pappmaschee-Bau des Kölner Doms. Diese Dinge wirken auf Diebe anziehend, und sie sind schon damit so lange beschäftigt, dass sie nicht auf die Idee kommen, nach den echten Wertsachen zu suchen. Außerdem beeindrucken Sie damit Ihren Vermieter. Wenn Sie technisch begabt sind, können Sie Lichtschranken an einen kleinen Rechner koppeln, der im Dauerbetrieb irgendwo versteckt läuft und in allen Zimmern aus verborgenen Lautsprechern das tiefe Knurren eines verschlafenen Tigers, das Kichern eines kleinen Kindes oder das leise Meckern einer anatolischen Bergziege abspielt. Lassen Sie Klebeband mit der Aufschrift »Das Öffnen dieses Siegels ist unter Androhung strafrechtlicher Verfolgung untersagt« drucken, und kleben Sie die Streifen auf sämtliche Schubladen, den Kühlschrank, den Toilettendeckel.

8

Unterwegs: Verkehrsmittel und ihre Probleme

Der Weg ist nicht das Ziel, sondern die Qual. Wenn ein Stubenhocker eine Erfindung herbeisehnt, dann nicht etwa den elektrischen Eierschneider, die ärmellose Hose oder einen Rasenmäher, der »Freude schöner Götterfunken« spielt, sondern das Beamen. Die Möglichkeit, auf Knopfdruck von einem Ort zum nächsten zu gelangen, würde das Verreisen für einen Stubenhocker erstmals attraktiv erscheinen lassen. Leider ist die Entwicklung dieser Technologie in absehbarer Zeit nicht realistisch, weswegen Stubenhocker auch mittelfristig ihre Hintern persönlich durch die Gegend schleppen werden müssen.

Je nach Länge der Strecke und Reiseziel gibt es verschiedene Möglichkeiten, eine Wegstrecke zurückzulegen. Und jedes Mal gilt es, den zeitlichen, finanziellen und psychologischen Aufwand abzuwägen bei der Entscheidung, wie man die Reise hinter sich bringen will. Möchten Sie die Verantwortung auf sich nehmen, sich hinters Steuer eines Wagens zu setzen? Oder ist es Ihnen genehmer, das Risiko einer Zugfahrt einzugehen (plappernde Sitznachbarn, verstopfte Toiletten, Verspätung)? Manchmal haben Sie überhaupt keine Wahl. Ferne Reiseziele müssen Sie per Flieger ansteuern, wenn Sie nicht die Fahrt zum Reiseziel als Reise für sich mit einer Vielzahl von Übernachtungen gestalten wollen.

So oder so – Ihre Reise wird schrecklich werden. Im Folgenden werden Sie mehr oder weniger behutsam auf den Schrecken der unterschiedlichen Reisearten vorbereitet. Seien Sie stark. Und wenn Sie die Chance haben, sich während einer Reise über diese lustig zu machen – zögern Sie nicht!

Auto: Im Individualverkehr individuell durchdrehen

Deutsche sind stolz auf ihre Autos. Deutsche sind stolz auf ihre Autobahnen. Und weil Deutsche so praktisch orientierte Menschen sind, haben sie nach einer Möglichkeit gesucht, wie sie ohne großen Aufwand möglichst viel Zeit im Auto und auf der Autobahn verbringen können. Daher haben sie im Juni '57 den Stau erfunden.

Autofahren macht besonders deswegen keinen Spaß, weil es so viele andere tun und weil vier Räder die schlechten Eigenschaften jedes Menschen vervierfachen. Wer leicht reizbar im Alltag ist, wird zu einem motorisierten Tyrannosaurus Rex. Wer schnell die Orientierung verliert, wird drei Tage später vom Rettungshubschrauber auf einem Waldweg gefunden. Wer den linken und rechten Socken nicht auseinanderhalten kann, verwechselt Gas und Bremse und beginnt eine liebevolle Beziehung mit seinem Airbag.

Viele Leute fahren Auto mit dem Argument, dass sie dann unabhängig sind, die totale Freiheit genießen und ihr Schicksal selbst in der Hand haben, statt sich einem Piloten mit Liebeskummer oder paranoiden Lokführer anzuvertrauen. Jedenfalls reden sie sich das ein, denn sie halten sich selbst natürlich für die perfekten Fahrer, die niemals einen Fehler machen und in Sekundenbruchteilen reagieren können, wenn es ernst wird. Da diese Überzeugung JEDER Fahrer in sich trägt, geht es auf deutschen Straßen besonders lustig zu.

Als Stubenhocker hinterm Steuer fühlen Sie sich zwangsläufig wie im 3. Weltkrieg. Sie möchten unbeschadet von A nach B kommen und sind nicht daran interessiert, einen neuen Streckenrekord aufzustellen. Nur hinter LKWs herzockeln wollen Sie aber auch nicht. Nein, Sie möchten möglichst wenig Zeit in der mobilen Stube verbringen, daher planen Sie eine Autofahrt so effizient wie alle anderen Transfers:

- Sie lassen sich eher den Arm abhacken, als dass Sie ohne Navigationsgerät losfahren. Aber Sie haben nicht nur das Navi dabei, sondern auch eine Liste der relevanten Punkte (Autobahnen, Abfahrten, Alternativrouten) darin eingespeichert, zusätzlich aufgeschrieben und diesen Zettel griffbereit im Auto.

- Sie nehmen genug zu essen und zu trinken mit. An heißen Sommertagen natürlich in der Kühlbox, im Winter empfiehlt sich eine Thermoskanne mit Kaffee oder Tee.

- Im Winter haben Sie Decken dabei. Wenn Sie nachts im Schneesturm im Vollstau stehen und das Rote Kreuz bei Ihnen vorbeikommt, um Ihnen eine Decke zu geben, schauen Sie die Sanitäter nur vorwurfsvoll an. Denn Sie sind kein Schluri, der einfach ins Verderben fährt. Bieten Sie den Sanitätern eine *Ihrer* Decken an, die sicher wärmer sind als die Fetzen, die verteilt werden.

- Sie haben das Auto im Griff. Luftdruck stimmt, Scheibenreiniger ist aufgefüllt, an Öl und Bremsflüssigkeit mangelt es nicht. Und Sie haben selbstredend getankt.

- Ihr Verbandskasten ist nicht nur auf dem neuesten Stand, Sie haben ihn auch umfassend erweitert, für den Fall, dass Sie im großen Stil Ersthilfe leisten müssen. Ihr Verbandsmaterial reicht für 3 bis 5 Leute aus, außerdem haben Sie Einwegspritzen und Ampullen mit Schmerzmitteln verschiedener Grade dabei, für Verbrennungen eine Großpackung Blasenpflaster, zudem einen alten Kassettenrecorder mit einer Entspannungskassette, um Unfallopfer zu beruhigen.

- Ein Ladeadapter für Ihr Smartphone ist auf jeden Fall mit von der Partie. Auch im Auto ist das Smartphone Ihr bester Freund, und deshalb sollten Sie sich gut darum kümmern. Ein Bluetooth-Headset ist ratsam, wenn Sie zu den Leuten gehören, die tatsächlich gern telefonieren (ein Zustand, dessen Behandlung inzwischen viele Krankenkassen zahlen). Hat Ihr Auto keinen USB-Anschluss oder Zigarettenanzünder, schmeißen Sie es weg und kaufen ein anderes. Willkommen im 21. Jahrhundert!
- Sie perfektionieren die Kunst, einen Stau zu umfahren. Die einfachste Lösung besteht darin, immer dann zu fahren, wenn es sonst möglichst wenige Leute tun, also werktags zwischen 0 und 4 Uhr.

Doch sosehr Sie auch den letzten Punkt beherzigen mögen – Sie werden natürlich trotzdem immer wieder in einem Stau landen. Es bringt nichts, sich darüber aufzuregen. Halten Sie sich nur von Rasern fern. Diese erkennen Sie daran:

- Zwischen zwei Fahrzeugen muss ein Sicherheitsabstand eingehalten werden. Faustregel: Die km/h-Anzeige geteilt durch 2 ergibt die Meteranzahl, die sich zwischen den Autos befinden muss. Wenn ein Raser das Gefühl hat, dass der Depp hinter ihm sich nicht daran hält, drückt er auf die Tube und schlängelt sich durch den Verkehr, um ihn abzuhängen.
- Bei Stop-and-go lässt ein Raser niemals zu, dass eine Lücke zwischen ihm und dem Vordermann entsteht. Fährt die Schlange vor ihm drei Meter nach vorn, tut er das unverzüglich auch. Wollen sich Fahrer von anderen Spuren

reinquetschen, verhindern sie das mit Nachdruck (notfalls mit der Stoßstange).

- Die perfekte und ideale Fahrspur ändert sich ständig. Wenn der Verkehr nur zäh fließt, werden Sie bemerken, dass Ihre Spur diejenige ist, die am langsamsten vorankommt. Auch dem Raser geht es so, und das will er umgehend ändern. Er blinkt und quetscht sich in die andere Spur. Wenn er Glück hat, kommt er 10 Meter in Schrittgeschwindigkeit voran, bevor er wieder anhalten muss. Aber dann wird die Spur neben ihm minimal schneller sein. Also schnell wieder wechseln! Im Stop-and-go zählen die Reflexe, dort sind sie sogar noch wichtiger, als wenn man mit 180 über die Autobahn brettert. Der Raser holt durch sein ständiges Spurwechseln zwar nur 40 Sekunden auf, als wenn er einfach in einer Spur bleiben würde, aber diese 40 Sekunden sind sein größter Triumph des Tages!
- Sie müssen unbedingt eine Spur für Rettungsfahrzeuge freilassen. Damit die schnöseligen Raser auf Motorrädern sich besser nach vorne drängeln können.

Gerade wenn Sie Pendler sind und sich an gewisse Kernarbeitszeiten halten müssen, d.h. nicht immer zwischen 0 und 4 Uhr fahren können, werden Sie einen beträchtlichen Anteil Ihrer Lebenszeit im Stau verbringen. Sie sollten also dafür sorgen, dass dies keine verlorene Zeit ist, sondern sie mit etwas Nützlichem füllen – oder Wege finden, das Ganze aufzulockern:

- Lernen Sie eine Fremdsprache. Es gibt viele Audio-Kurse, die Sie als CD kaufen oder auf Ihr Smartphone laden können. Wichtig ist, dass Sie wegen der Akustik die Fenster öffnen und die Lerneinheiten möglichst laut mitsprechen. Sie sollten auch landestypische Gesten einstudieren. Lassen Sie sich von den verwirrten Blicken aus den anderen Autos nicht davon abbringen.

- Sie möchten ein Instrument lernen? Warum nicht. Als Regel gilt: Solange das Instrument ins Auto passt, können Sie damit im Stau üben. Mit einem Schlagzeug wird es also schwierig, auch mit einem Konzertflügel scheitert es an der Umsetzung (sind Sie besonders ambitioniert mit Ihrem Instrument, sollten Sie für lange Autobahnfahrten die Anschaffung eines Anhängers in Betracht ziehen – Sie können in diesem Fall zwar nur bei Vollstau ans Instrument, aber dann lohnt es sich wenigstens auch). Sei es Jazzgitarre, Dudelsack oder Mundharmonika – solche Instrumente lassen sich im Stau wunderbar bedienen, ohne dass Sie sich aus Ihrem Sitz schälen müssen. Geheimtipp: Oboe ist das perfekte Stau-Instrument, wenn Sie es wie ein Ofenrohr aus dem Fenster ragen lassen. Imitieren Sie eine Truckhupe, wenn Sie andere überholen.

- Bringen Sie einen Einweggrill und Grillgut Ihrer Wahl mit (Thüringer Rostbratwurst oder vegetarisch). Da die meisten Polster gut brennen, sollten Sie ihn aber nicht im Innenraum in Betrieb nehmen. Nutzen Sie bei längerer Vollsperrung entweder den Grünstreifen, oder kleiden Sie den Kofferraum feuerfest aus, und bauen Sie den Grill darin auf. So können Sie sogar bei Stop-and-go frisch zubereitete Mahlzeiten genießen. Fahren Sie aber vorsichtig an, und bremsen Sie sorgfältig, sonst kullern die Bratwürstchen vom Grill, und Sie gehen leer aus.

- Erledigen Sie lästige Korrespondenz. Nehmen Sie Ihre Aktenordner mit, und machen Sie endlich die Ablage, oder bereiten Sie den ganzen Kram für die Steuer vor. Legen Sie dazu am besten die Rückbank um, und bringen Sie den Beifahrersitz in eine waagerechte Position. Sollten Mitfahrer bei Ihnen im Auto sein – umso besser. Spannen Sie diese ein, bestimmte Dokumente zu sortieren oder Formulare auszufüllen. Sorgen Sie mit Beamtenwitzen und einem Piccolo für lockere Stimmung.

Auch jenseits der Autobahn sollten Sie sich im Straßenverkehr so verhalten wie die Masse, damit Sie nicht negativ auffallen:

- Parken Sie prinzipiell so, dass Sie geräumig aussteigen können. Faustregel: Circa 10 Zentimeter über der Markierung, die sowieso nur eine grobe Richtlinie darstellt, an die man sich nicht halten muss.
- Wenn die Ampel immer noch Rot zeigt, sollten Sie alle drei Sekunden acht Zentimeter weit ruckartig anfahren und wieder abbremsen.
- Fahrradfahrer können Sie prinzipiell ignorieren. Wer als Verkehrsteilnehmer ernst genommen werden möchte, soll sich halt ein Auto kaufen.

Bahn: »Railrotting« als Selbsterfahrungstrip

Ah, die Bahn. Das Verkehrsmittel, das den Wilden Westen gezähmt hat. Majestätische Dampfloks, die durch beeindruckende Landschaften gleiten. Entspanntes Reisen. Ausgeruht im Schlafwagen aufwachen und im Bistro frühstücken, während Wiesen und Wälder am Fenster vorbeiziehen.

Vielleicht war es tatsächlich einmal so gewesen, als Bahnfahren noch ein exklusives Erlebnis war. Sagen wir – vor 1910. Heutzutage ist Bahnfahren etwas Alltägliches und für viele eine lästige Pflicht. Vielleicht nehmen auch Sie sich vor, eine Bahnfahrt zu nutzen, um etwas wegzuarbeiten oder wenigstens in Ruhe zu lesen. Doch dann kommen Gleisarbeiten,

Kegelclubs und defekte Türen. Was auch immer Sie sich vorgenommen haben während der Fahrt zu tun, es ist hinfällig. Schwächliche Naturen fangen an, lautstark zu schimpfen und ihre Wut an den Schaffnern und Mitreisenden auszulassen. So dürfen Sie nicht enden. Geben Sie sich lieber einer Entspannungstechnik hin, die derzeit viel Zulauf erfährt und sicher bald als VHS-Kurs angeboten wird: Railrotting.

Im Prinzip ist Railrotting leicht, aber man braucht viel Übung, um es darin zur Perfektion zu bringen. Railrotting bedeutet: Trotz allem, was zwangsläufig bei einer Bahnreise schiefgeht, dreht man nicht durch. Man begibt sich in einen meditativen Zustand der Gleichgültigkeit und Ergebenheit und gelangt schließlich im Moment des Aussteigens auf eine neue Bewusstseinsstufe. Bei Langstreckenfahrten geht man an seine Grenzen, und Railrotting ist aus diesem Grund nur denjenigen nahezulegen, die über die entsprechende körperliche Konstitution verfügen. Im Zweifelsfall sollten Sie vorher einen Arzt konsultieren und besonders bei Herzkrankheiten in der Familie vorsichtig sein. Es heißt, dass regelmäßig tibetanische Mönche nach Deutschland kommen und sich ein Ticket ziehen, um ihre Meditationstechniken auf die härteste Probe zu stellen.

Da Railrotting ein exzellenter Weg ist, eine zehrende Bahnreise erträglicher zu machen, sollten Sie sich ruhig an dieser Methodik versuchen. Aber dabei sollten Sie behutsam anfangen und sich langsam daran gewöhnen. Stürzen Sie sich nicht gleich in eine Fernreise. Sie würden vielleicht das Ziel erreichen, doch danach müssten Sie sich zwei Tage im Hotel einschließen, um wieder zu Kräften zu kommen. Außerdem ist die Gefahr von Verletzungen einfach zu groß: Durch übermäßiges Railrotting dehydrieren Sie schnell, Sie verlieren die Orientierung, Ihnen wird schwindelig, Sie stoßen sich den

Kopf an der Kofferablage oder steigen am falschen Bahnhof aus. Die Bundespolizei wird öfter als Sie glauben, zu Hilfe gerufen, um verwirrte Railrotter, die sich überschätzt haben, in Bahnhöfen wie Treysa oder Papenburg aufzusammeln und ihren Familien zurückzuführen.

Als Railrotter durchlaufen Sie typischerweise diese Bewusstseinsstufen:

- Regionalfahrer (Anfänger): Sie sollten nur kürzere Zugfahrten angehen. S-Bahnen sind zum Einstieg zu empfehlen, fangen Sie dann mit Nahverkehrsverbindungen an. Steigern Sie die Entfernungen vorsichtig. Meiden Sie den Berufsverkehr, solange Sie in den Gepflogenheiten des Railrotting noch nicht firm sind. Sammeln Sie erste Erfahrungen darin, die perfekten Plätze in der Bahn zu finden, und lernen Sie Ihre Kräfte einzuteilen. Denken Sie immer daran, sich genug Energie für die Rückreise aufzuheben. Trinken Sie regelmäßig. Machen Sie keine ruckartigen Bewegungen.

- 100-km-Fahrer (Mittelstufe): Sie sind schon so weit in Form, dass Sie regelmäßig über 1 Stunde Bahn fahren können, ohne dass Ihnen schwindelig wird. Selbst längere Warteperioden am Bahnsteig überstehen Sie ohne Schweißausbrüche. Allerdings sind Sie noch nicht so weit, mit Verspätungen über 30 Minuten oder umgekehrter Wagenreihung umzugehen. Gelegentlich müssen Sie noch den überteuerten Kaffee im Bordbistro kaufen, um die Fahrt zu überstehen. Besonders die letzten 10 Minuten vor der Endhaltestelle sind eine Qual.

- 250-km-Fahrer (Fortgeschrittene): Sie sind ein routinierter Railrotter, der unverzüglich seinen Platz findet und gleichmäßig weiteratmet, wenn sich unvorhergesehene Umstände auftun. Mit der Elite können Sie nicht mithalten, aber man findet Sie immer im vorderen Zugteil, und Sie sind bestens ausgerüstet.

- 500-km-Fahrer (Profi): Sie gehören zur Speerspitze der Railrotter. All Ihre Erfahrungen, die Sie mühevoll in stickigen Abteilen gesammelt haben, zahlen sich nun aus. Mit traumwandlerischer Sicherheit gleiten Sie durch den Waggon zu Ihrem Platz, finden immer die Ideallinie im Gedrängel am Bahnsteig und bekommen sogar Ihren großen Koffer noch in der Ablage unter. Sie können wirklich sagen, dass Ihnen beim Railrotting keiner so schnell etwas vormacht, und zu Recht werden Sie von weniger erfahrenen Railrottern bewundert. Ließe sich damit Geld verdienen, dann könnten Sie davon leben.

Wie gut sich Railrotting umsetzen lässt, hängt unmittelbar damit zusammen, in welcher Art von Zug oder Waggon Sie landen:

- S-Bahn: Die S-Bahn ist der Viehwaggon unter den Schienentransportmitteln. Nur eine Tram ist noch unwürdiger. Sie zockeln von Haltestelle zu Haltestelle, werden jedes Mal kräftig durchgeschüttelt und per Lautsprecher zur Sau gemacht, wenn Sie es wagen, in der Lichtschranke zu stehen. Sitzplätze werden entweder von Rentnern oder Horden aufgekratzter Jugendlicher eingenommen. Seien Sie bei freien Plätzen in gut gefüllten Waggons vorsichtig – wahrscheinlich hat dort gerade jemand seinen Körperfunktionen freien Lauf gelassen.
- Regionalbahn (einstöckig): Eine stolze Art von Bahn, die auf eine lange Geschichte zurückblicken kann. Sie befinden sich in diesen Regionalbahnen wahrlich in historischen Gefährten. Diese Waggons haben schon im Ersten

Weltkrieg Rekruten an die Front gebracht. Entsprechend werden die sanitären Anlagen in den Regionalbahnen im historisch korrekten Zustand gehalten – in Form eines Lochs im Zugboden mit einer Klappe darüber. Die Polster wurden zuletzt frisch aufgezogen, als es ein Leck auf einem chinesischen Frachter mit billigen Wolldecken gab, die zu einem Drittel des Preises abgestoßen und luftgetrocknet werden mussten. Besonders viel Arbeit haben die Ingenieure in die Fenster gesteckt. Sie werden an zwei Griffen heruntergezogen und sind perfekt justiert – zieht man gleichmäßig an ihnen, rühren sie sich kein Stück. Erst wenn sich eine mittelschwere Person mit ihrem ganzen Körpergewicht dranhängt, setzt sich das Fenster in Bewegung und rauscht so radikal nach unten, dass es fast zerschmettert wird. Dafür bekommt man es dann nicht mehr hoch.

- Regionalexpress (zweistöckig): Die doppelstöckigen Züge wurden vor allem deswegen erfunden, um oben noch schlechtere Luft zu haben als unten. Wegen des Sauerstoffmangels fällt es nicht so ins Gewicht, wenn man sich dauernd den Kopf an der Decke stößt. Der zweistöckige RE ist zudem besonders kompakt gebaut. Wer gut trainierte Waden hat, schafft es überhaupt nicht, sich in die Ritze zwischen dem eigenen Sitz und dem Sitz davor zu schieben. In solchen Fällen muss man auf einen der 4er-Plätze ausweichen, auf denen sich je zwei Leute gegenübersitzen. Problematisch wird es in diesem Fall nur, wenn auf dem Platz gegenüber auch jemand sitzen will. Dann beginnt ein fröhliches Knie- und Unterschenkelstaksen, bei dem besonders Männer aufpassen müssen, um an empfindlichen Stellen keine bleibenden Verletzungen durch Stöckelschuhe davonzutragen.

- IC (alt): Einen alten IC erkennen Sie daran, dass er aus einem einzigen riesigen Abteil besteht. Früher war die eine Hälfte Nichtraucherbereich, die andere Raucherbereich, was eine Menge über den Stellenwert des Nichtrauchens gegen Mitte des 20. Jahrhunderts aussagt. Heute ist das gesamte Abteil ein Nichtraucherbereich, was dazu führt, dass sich der Schweißgeruch der Passagiere gleichmäßig im ganzen Waggon verteilt. Ein IC steuert, wie der Name »Intercity« sagt, eigentlich Städte an. Aber das Fehlen des Zusatzes »Express« verheißt nichts Gutes. Während ein ICE Großstädte anfährt, erreicht ein IC in der Regel den ganzen Rest – also vom ästhetischen und moralischen Standpunkt eher Provinz als Zivilisation. Entsprechend sieht der alte IC auch aus.

- IC (neu): Der Trick beim neuen IC ist, dass er gar nicht neu ist. Früher hieß er »Interregio«. Dann wurde er abgespritzt und umlackiert und zum Intercity erklärt. Für die Fahrgäste veränderte sich lediglich, dass sie einen Intercity-Zuschlag zahlen mussten. Innen kann der »neue« Intercity seine Vergangenheit nicht verleugnen. Noch immer sind die Wände Senfglasgelb, und die Polstermöbel laden in verblasstem Türkis zu depressiven Attacken ein. Die Waggons sind eine krude Mischung aus Abteilen mit fünf asymmetrisch angeordneten Plätzen und Großraumabteilen, die wirken, als habe ein besoffener Designer in seinen Entwurf geniest.

- ICE: Der »Intercity Express« hat inzwischen drei Entwicklungsstufen erlebt. Für Stubenhocker ist er zumindest teilweise erträglich – denn die neueren Versionen haben auch in der zweiten Klasse Steckdosen. Sogar einige ICE der ersten Generation sind damit nachgerüstet worden. Doch immer noch kann es vorkommen, dass Sie in einem

ICE Platz nehmen, den Stromstecker rausholen und dann feststellen, dass es keine Steckdose gibt. Zetern Sie ruhig den Schaffner an, und verlangen Sie Satisfaktion in Form von frisch gebrühtem Kaffee. Ansonsten zeichnen sich ICE vor allem dadurch aus, dass sie natürlich die erste Wahl für Fernreisen sind – gerade Leute, die sonst wenig Zug fahren, werden von der buckligen Verwandtschaft in einen ICE gesteckt, um zu Besuch zu kommen, weil keiner den Stress mit der Autobahn auf sich nehmen will, um sie abzuholen. Neben solchen verzweifelten Typen bevölkern vor allem Geschäftsleute einen ICE. Ob man in einem ICE der Baureihen 1, 2 oder 3 sitzt, lässt sich vor allem an den Toiletten ablesen. Im 1er sind sie schmale, aber geräumige Kabinen, und ab der zweiten Baureihe semi-ovale Beleidigungen, wie sie selbst in Guantanamo geächtet wären.

Wie man die Züge in der Dunkelheit oder mit verbundenen Augen unterscheiden kann:

Zugtyp	Geruch in 1. Klasse	Geruch in 2. Klasse
S-Bahn/U-Bahn/Tram	Verwunschenes Herrenhaus	Schweinetransporter mit Altkleiderabteil
Regionalbahn	Veilchen in Prosecco	Osterei-Museum in Kohlebergwerk
Regionalexpress	Elch auf Ananas	Nasser Elch auf Ananas
Intercity	Kampfer mit brühendem Kaffee	Fichtenwald nach Chemieunfall im Morgengrauen
Intercity Express	Aftershave, schmorende Handys und abstürzende Aktienkurse	Alte Cervelatwurst mit angetrocknetem Zitronenbonbon

Wenn Sie sich beim Railrotting im vorderen Feld der Wertung etablieren möchten, sollten Sie folgende Ratschläge beherzigen:

- Betreten Sie einen Zug NIEMALS ohne Nahrungsmittel. Sicher, es wird keine acht Sekunden dauern, bis Ihnen das Tagesangebot des Bordbistros über die Lautsprecher angepriesen wird, aber das, was Sie gerne hätten, ist sowieso gerade aus. Und der durch den Mittelgang rollende Imbisswagen hat nur Altbackenes und Ausgedörrtes im Schlepptau. Also kaufen Sie vorher am Bahnhof Backwaren und Wasser. Wenn der Zug umgeleitet wird, sich verspätet oder gar nicht erst losfährt, müssen Sie dann nicht verhungern. Die anderen, die nicht so weit mitgedacht haben, schon. Zeigen Sie kein Mitleid, der Schaffner hat schließlich auch keins.

- Es gibt keinen Ort, an dem Sie sich schneller eine lästige Infektion einfangen können als im Zug. Schon deswegen sollten Sie mit Ihrem Sitznachbarn kein Wort wechseln. Geheimtipp: Tragen Sie einen Mundschutz, auch wenn Sie kerngesund sind. Natürlich sind Sie auf diese Weise vor den Viren der Mitreisenden geschützt, aber weitaus wichtiger ist, dass Sie mehr Platz haben, weil kaum jemand sich freiwillig neben Sie setzt. Nähert sich doch ein Unerschrockener, geben Sie ein keuchendes Hustengeräusch von sich, und schütteln Sie sich dabei ein wenig. Das sollte die vorwitzige Person schnell wieder vertreiben.

- Wenn ein Zug einfährt und am Bahnsteig die Massen stehen, die hineinwollen, wird jedes Mal ein Ritual aufgeführt, von dem sich erfahrene Railrotter möglichst fernhalten. Es ist der Wettbewerb, wer als Erster in den Zug einsteigt. Wem dies gelingt, dem sind offenbar Glückseligkeit, Reichtum und jederzeit verfügbarer Sex versprochen. Anders lässt sich nicht erklären, warum bienenstockartiges Gewimmel vor den Türen herrscht. Besonders absurd wird der Tanz dadurch, dass ein Zug vor dem Anhalten vielleicht noch 10 oder 20 Meter in Schrittgeschwindigkeit dahingleitet, bevor er endgültig steht. Währenddessen schiebt sich der Pulk mit dem Zug über den Bahnsteig, während jeder versucht, direkt vor der Tür zu landen. Schließlich kommt der Zug zum Stehen, die Türen öffnen sich – und die Leute sind drauf und dran, mit ausgefahrenen Ellenbogen und vorgerückten Koffern einzusteigen. Dummerweise – und zum allgemeinen Erstaunen am Bahnsteig – wollen vorher andere den Zug *verlassen*. Die Logik gebietet, dass zuerst alle aussteigen sollten, bevor neue Passagiere einsteigen, doch im Kampf um den Sitzplatz ist die Logik längst verloren gegangen und durch das Recht der Wildnis ersetzt worden. Nun steigen die angekommenen Fahrgäste aus, doch sobald sich auch nur die kleinste Lücke auftut und einer nicht schnell genug seine zwei Koffer die Zugtreppe runtergezerrt hat, stößt jemand von der Bahnsteigkante vor wie ein Krokodil ins Wasserloch. Natürlich rauscht der Mob gleich hinterher, während diejenigen, die noch im Zug stehen, sich nur an die Wände und Fenster pressen können, um die Welle abzuwarten. Erfahrene Railrotter halten Abstand von diesem Nahkampf. Sie haben sowieso eine Reservierung und suchen entspannt ihren Platz auf, sobald sich die verwirrte Masse verflüchtigt hat.

- Zudem scheint die kognitive Leistungsfähigkeit der Bahnfahrer mit größerem Gepäck abzunehmen. Warum sonst sollten die Leute mit Koffern von der Größe eines Heizöltanks immer diejenigen sein, die im falschen Waggon einsteigen und sich dann erst mal durch den gesamten Zug zu ihrem Platz vorarbeiten müssen, während alle anderen in die Gegenrichtung wollen? So etwas passiert Ihnen nicht – dank Ihrer Weisheit und Lebenserfahrung wissen Sie, dass die Waggons außen am Zug nummeriert sind. Eine Erkenntnis, die sich noch nicht bei allen Menschen durchgesetzt hat.

Als Railrotter werden zudem Ihre Improvisationskünste aufs Äußerste gefordert. Rechnen Sie immer damit, eine der folgenden Situationen meistern zu müssen:

- Die Heizung im Zug fällt aus. Das passiert in der Regel im Winter. Betreten Sie zwischen Oktober und März also niemals einen Zug ohne Heißgetränk, am besten im Thermobecher. Eine batteriebetriebene Taschenheizung ist ebenfalls zu empfehlen.

- Die Heizung im Zug läuft auf höchster Stufe. Das passiert in der Regel im Sommer. Tragen Sie immer eine Badehose oder einen Bikini drunter, wenn Sie zu einer längeren Reise aufbrechen. Spätestens nach 30 Minuten werden Sie froh sein, halb nackt dasitzen zu können, während alle anderen im Zug von den Notärzten bearbeitet werden.

- In der Bahn tauchen immer wieder Leute auf, die den korrekten Platz auch dann nicht finden würden, wenn an jedem Sitz eine riesige, neongelbe, blinkende Nummer angebracht wäre, die aus Lautsprechern ihren Namen blökt. Selbst in diesem Fall würden Sie zu den Leuten auf dem Platz treten müssen, den Sie reserviert haben, und auf ihren Irrtum hinweisen. Die Leute fallen daraufhin rituell schockiert aus allen Wolken: »Was, das ist gar nicht Platz 93?« Sie nicken, verweisen auf die deutlich erkennbare Zahl 24 über dem Sitzplatz. Wenn jemand auf dem von Ihnen reservierten Platz sitzt, müssen Sie zwangsläufig immer wieder aufs Neue diesen Affentanz durchführen. Zunächst sollten Sie sich mit einem Blick aufs Ticket (oder die Notiz im Smartphone) vergewissern, dass Sie tatsächlich im richtigen Waggon und am richtigen Platz sind. (Profi-Tipp: Speichern Sie beide Nummern auf Ihrem Smartphone ab, beispielsweise im Kalender. Dann müssen Sie nicht mit gestressten Fingern erst das Ticket rauskramen.) Prüfen Sie lieber doppelt, ob das wirklich stimmt – nichts ist peinlicher, als jemanden vom Platz vertreiben zu wollen und selbst im falschen Waggon zu stehen. Weisen Sie die Person freundlich, aber bestimmt auf ihren Fehler hin. Nun werden Sie wahrscheinlich erleben, dass Ihr Gegenüber inbrünstig darauf beharrt, auf dem richtigen Platz zu sitzen, und davon nicht abzubringen sein. Auch wenn es schwerfällt – bleiben Sie höflich. Bestehen Sie darauf, das Ticket sehen zu wollen. Sie bekommen es dann mit Worten wie »Hab ich doch gesagt! Waggon 6, Platz 65!« gezeigt. Machen Sie zuvorkommend darauf aufmerksam, dass Sie in Waggon 7 sind. Problematisch wird es natürlich, wenn – und das ist wahrscheinlich – es sich bei Ihrem Gegenüber um eine ältere Dame oder einen älteren Herren handelt, die oder der noch nie etwas von Platzreservierungen gehört hat. Gerade bei überfüllten Zügen wäre es herzlos, einen gebrechlichen Mitbürger von der einmal gefundenen Sitzgelegenheit zu vertreiben ... FALSCH! Fallen Sie nicht darauf herein! Da wollte jemand die Reservierungsgebühr sparen und tut nur so, als würde er/sie davon nichts verstehen. Drohen Sie mit Ihrem Anwalt, wenn er/sie sich nicht unverzüglich von der Stelle bewegt. Rufen Sie den Schaffner, und machen Sie eine Szene. Reißen Sie dieser Scharade die Maske vom Gesicht! Der Applaus des ganzen Waggons ist Ihnen sicher!

- Eine Variante des Problems, dass jemand auf dem von Ihnen reservierten Platz sitzt, ist, dass jemand auf dem Nachbarplatz hockt und sein Gepäck neben sich abgeladen hat. Wenn Sie den Übeltäter darauf ansprechen, wird er eine meisterliche Pantomime darbieten, welche Mühen er auf sich nehmen muss, um den Platz freizugeben, der ja ganz offensichtlich als Gepäckablage benutzt wird. Weigert er sich, setzen Sie sich einfach aufs Gepäck und drohen mit dem Anwalt.
- Die Toiletten im Zug sind defekt oder besetzt. Lernen Sie einen ganz neuen Umgang mit Ihren Körperfunktionen und wie Sie mehrere Stunden aushalten können, ohne auf die Toilette zu gehen. Denken Sie dabei bloß nicht an fließendes Wasser. Tropfende Wasserhähne. Plätschernde Bäche. Rauschende Flüsse.

Angenommen, Sie haben einen Platz reserviert und der ist auch frei zugänglich – aber der daneben ist besetzt. Schnelles Handeln ist geboten. Was ist das für eine/einer? Vielleicht sollten Sie besser nach einem anderen freien Platz im Zug Ausschau halten, bevor Sie stundenlang sitzen müssen neben:

- Der älteren, allein reisenden Dame. Wenn Sie neben ihr landen – viel Spaß. Sie wird ohne Unterlass die Dinge kommentieren, die sich seit ihrer letzten Bahnfahrt geändert haben, nämlich alle. Als sie zuletzt Zug gefahren ist, war es noch vor der Wende, und sie war unterwegs zur Großtante nach Ludwigsburg. Diese Fahrt wird sie in sämtlichen Details schildern und mit dem Komfort des modernen ICE vergleichen. Bevor Sie auch nur Luft holen können, wird Sie Ihnen das Fotobuch ihrer Enkel zeigen und Ihnen Rezepte aufschreiben, die Sie bis in Ihre dunkelsten Träume verfolgen (Auberginen-Schnitzel, Hackfleisch-Eis). Wenn Sie selbst Kinder oder Enkel haben, sollten Sie das auf keinen Fall erwähnen, denn die ältere, allein reisende Dame will alles über sie wissen. Sie wird Fotos sehen wollen und Ihnen ausführlich erklären, was Sie alles bei der Erziehung falsch gemacht haben. Geben Sie Ihr nie und nimmer Ihre Adresse. Sagen Sie ihr, dass Ihr Anwalt Ihnen verboten hat, mit fremden Menschen zu sprechen.

- Dem wirklich unglaublich wichtigen Geschäftsmann. Er brüllt immerzu in sein Handy, während er ein Notebook und ein Tablet auf den Knien balanciert. Er nimmt Sie überhaupt nicht wahr, was eigentlich gut wäre, wenn er mal die Klappe halten würde. Das kann er aber nicht. Wenn Sie den Fehler machen, ohne Kopfhörer neben ihm zu landen, sollten Sie schnellstens einen anderen Platz suchen. Oder Ihrerseits das Smartphone rausholen und lautstarke Gespräche führen. Um Kosten zu sparen, können diese auch fiktiv sein. Vielleicht verzieht er sich dann irgendwann ins Bistro.

- Dem BahnCard-100-Besitzer. Er darf immer und überall Bahn fahren und nutzt jede Gelegenheit, seine Bahn-Card aufblitzen zu lassen. Er hält sich für etwas Besseres und ist immer darauf aus, anderen Leuten zu erzählen, wo er schon überall war, welche Bahnhöfe die besten und schlechtesten im Land sind. Die BahnCard hat er natürlich nicht selbst bezahlt, sondern von seiner Firma bekommen. Vermutlich, weil niemand ihn im Büro neben sich haben will.

- Dem Soldaten. Er ist gerade von einem mehrmonatigen Einsatz im Ausland zurückgekehrt und möchte stundenlang darüber reden, wie sehr er sich darauf freut, seine Freundin wiederzusehen. Außerdem möchte er Ihnen im

Detail berichten, wie es sich als Soldat im Ausland lebt. Sollten Sie – wie die meisten Stubenhocker – ein Pazifist und auch sonst ganz umgänglicher Mensch sein, ist es besser, das gegenüber dem Soldaten nicht zu erwähnen.

- Dem Touristen. Er wird Sie ganz harmlos fragen, ob Sie schon mal am Zielort waren. Verneinen Sie auf alle Fälle, sonst müssen Sie stundenlang Geheimtipps schildern oder er liest Ihnen aus seinem Reiseführer vor und möchte wissen, ob das alles stimmt. Schwärmen Sie ihm stattdessen nachdrücklich vom Stubenhocker-Lifestyle vor, um ihn zu vergraulen.

Ein immerwährender Quell der Freude sind Schaffner. Sie sind die Alleinherrscher im Zug und sich dessen vollkommen bewusst. Behandeln Sie sie also mit ausgewählter Vorsicht. Auf folgende Typen werden Sie stoßen:

- Der Oberstudienrat. Besonders in Norddeutschland weitverbreitet. Prüft jedes Ticket wie einen gefälschten Einreiseantrag. Kommuniziert nur mimisch mit runtergezogenen Mundwinkeln und zusammengekniffenen Augen. Würde gern das Buch schreiben: »Bahnschaffner schaffen sich ab«. Wenn Sie ihm die BahnCard reichen, schlagen Sie am besten die Hacken zusammen, dann ist er Ihnen etwas mehr gewogen.
- Die Joviale. Tritt bevorzugt in Verbindungen in und um Köln auf. Jedes Reiseziel, das nicht Köln ist, veranlasst sie zu lästerhaften Kommentaren, die sie so laut ausspricht, dass der ganze Waggon mithören muss. Eine abgelaufene BahnCard sorgt für eine Standpauke, die Sie nach Mami flehen lassen wird. Diese Schaffnerin sollte distanziert-höflich behandelt werden – jeder Versuch, ihr gegenüber genauso jovial zu sein, sorgt dafür, dass sie Ihre Kumpel-

haftigkeit toppen will. Und das ist für alle Anwesenden un-
appetitlich.

- Der Missmutige. Er hasst seinen Job. Hat sich vom Versprechen verführen lassen, dass man in diesem Beruf rum-
kommt. Kennt nur die Bahnhöfe von Osnabrück, Hildes-
heim und Hamm. Hat nur noch zwei Ziele im Leben: 1. Die
Rente. 2. Warum soll nur er leiden? Bis es so weit ist, sollen
möglichst viele Leute das Bahnfahren ebenso hassen lernen wie er.
- Der Bayer. Spricht ausschließlich bayerisch, weswegen nur
Bajuwaren ihn verstehen. Beim Blick auf Ihr Ticket sagt er:
»Kummts umma gän woidln!« Sie versuchen zwei Sekunden lang, diesen Satz zu verstehen, geben auf, nicken. Er
nickt zurück. Tackert Ihr Ticket und murmelt dabei etwas.
Gibt es Ihnen zurück. Dann geht er weiter. Seltsamerweise
stößt man nur außerhalb Bayerns auf diesen Schaffner.
- Die Desinteressierte. Typische Quereinsteigerin, war früher Soziologin. Ist immerzu gedanklich abwesend, weil sie
überlegt, ob sie nicht doch das Studium wieder aufnehmen
sollte. Sie könnte ja Psychogramme von Bahnreisenden er-
stellen. Schließlich trifft sie als Schaffnerin auf lauter komische Leute …

Durch das Praktizieren von Railrotting werden Sie wachsen,
und das erkennen auch andere Leute an. Der Eintrag im Lebenslauf »Besondere Fähigkeiten: Railrotting« beeindruckt
jeden Personaler und signalisiert: Dieser Bewerber ist besonders belastbar und kann auch mal einen ganzen Tag ohne feste Nahrung, Flüssigkeit oder frische Luft auf engstem Raum
mit lauter Durchgedrehten verbringen. Seien Sie ein Vorrei-
ter. Versuchen Sie, auch Mitreisende davon zu überzeugen.
Machen Sie Railrotting zu einem neuen Trend!

Flugzeug: Flieger, grüß mir die Hölle

Die meisten Menschen sind in der glücklichen Lage, nur selten ein Flugzeug betreten zu müssen. Stubenhocker nehmen eigentlich niemals einen Job an, der sie beruflich im Wochentakt auf andere Kontinente bringt. Fliegen ist im Prinzip wie Bahnfahren, nur dass die nervigen Aspekte mindestens um den Faktor zehn erhöht sind. Daher und wegen der Ticketpreise ist »Airrotting« als Methode der Bewusstseinserweiterung nicht durchführbar – selbst die waghalsigsten Stuntmen, Base Jumper und Wingsuit-Flieger sehen in Verkehrsmaschinen innerhalb kürzester Zeit schreckensbleich aus. Wer ins Flugzeug steigt, sollte nur das eine Ziel verfolgen: möglichst schnell wieder rauskommen, und zwar möglichst lebend.

Wie alle absurd anmutenden Rituale ist auch ein Flug eine Abfolge von Seltsamkeiten, deren Existenz sich nicht logisch erklären lässt. Der einzige Grund dafür lautet: Das war schon immer so. Jeder einzelne Schritt bringt individuelle Herausforderungen mit sich:

- Anreise. Egal, ob Sie den Flughafen mit dem Auto, mit dem Zug oder mit dem Taxi ansteuern – Sie werden so weit entfernt wie nur irgend möglich von dem Terminal ankommen, an dem Sie einchecken müssen. Mit Ihren Koffern dürfen Sie dann Entfernungen zurücklegen, die bei den Olympischen Spielen als Mittelstrecke gelten. Die Laufbänder sind defekt, außer die in die Gegenrichtung. Sie haben keine Ahnung, wie die Terminals angeordnet sind. Große Flugfirmen haben 28 Schalter, und vor allen bilden sich Schlangen bis zum anderen Terminal.
- Sicherheitskontrollen. Als Stubenhocker strahlen Sie während einer Reise endlosen Widerwillen aus, und das macht Sie automatisch verdächtig. Außerdem lassen Sie

sich nicht gern von Fremden befummeln. Verkneifen Sie sich JEDEN Kommentar während der Sicherheitskontrollen. Witzigkeit ist sowieso nicht willkommen, selbst eine Rückfrage wie »Kann das Notebook in der Tasche bleiben« sorgt meistens dafür, dass drei Leute Sie auf den Boden pressen, während Ihre Tasche von einem SEK gesprengt wird. Schalten Sie einfach Ihr Gehirn auf Stand-by. Stellen Sie sich vor, Sie wären ein satter Zombie. Legen Sie Ihr Handgepäck auf die Bänder, schlurfen Sie durch die Scanner, spreizen Sie die Arme, schlurfen Sie weiter, nehmen Sie Ihr Zeug wieder mit. Herzlichen Glückwunsch! Sie können Ihr Hirn nun wieder einschalten.

- Es gilt eine einfache Regel: Wenn Sie den Sicherheitsbereich lange vor der Abflugzeit betreten haben, finden Sie Ihr Gate garantiert sofort. Dafür ist die nächste Kaffeequelle weit weg. Wenn Sie spät dran sind, war wahrscheinlich die Wartezeit beim Sicherheitscheck so kolossal, dass Sie vor Erschöpfung auf allen vieren durch den Scanner gekrochen sind. Hoffentlich haben Sie sich noch etwas Kraft aufgespart, denn nun beginnt das Wettrennen zum Gate. In diesem Fall ist Ihr Gate das letzte im Terminal. Verdoppeln Sie Ihre Geschwindigkeit, indem Sie sogar auf den Laufbändern rennen. Wenn Sie genug Momentum mitnehmen, gelangen Sie von einem Laufband zum nächsten, ohne sich zu überschlagen. Sollte das doch passieren, stopfen Sie die Wäsche wieder in den Koffer, und rennen Sie weiter. Wird Ihr Name zum dritten Mal zu Gate 58 gerufen, sollten Sie sich Sorgen machen. Mit etwas Glück poltern Sie noch in den Flieger, bevor die Tür geschlossen wird.

- Hühnerstall aka Boardingzone. Der Wartebereich am Gate ist der Ort, an dem Sie im Zweifelsfall mehr Zeit als im Flieger verbringen. Dies ist ein Mikrokosmos mit ganz eigenen Regeln. Die Anzahl der Sitzplätze lässt sich mit Hilfe einer einfachen Regel berechnen: Kapazität des Flugzeugs minus 20%. Deswegen drängeln sich die Leute wie in einem Hühnerstall aneinander. Trotzdem finden Sie auch hier noch die Typen, die Sie von Ihren Bahnfahrten kennen, Motto: Meine Tasche MUSS auf diesen Sitzplatz neben mich, und wenn da einer sitzen will, ist das für mich ein Riesenopfer! Wenn draußen am Gate noch nicht mal ein Flugzeug steht, wartet der Profi-Boarder schon am Schalter, der noch nicht mal besetzt ist, Ticket in der Hand. Sein einziger Lebensinhalt besteht darin, als Erster ins Flugzeug zu kommen (zumindest muss er hier, anders als beim Bahnfahren, nicht auf Aussteigende Rücksicht nehmen und kann gleich nach vorne preschen). Selbst wenn durchgesagt wird, dass der Abflug sich um vier Stunden verzögert, verharrt er am Schalter. Muss er auf die Toilette, beordert er seine Frau, für ihn die Stellung zu halten. Ändert sich das Abfluggate, stürmt er los wie ein Lehrer in die Sommerferien. Wenn die Passagiere der ersten Klasse zum Boarding gerufen werden, stürzen ALLE zum Schalter, auch die Passagiere der Holzklasse, zu denen der Profi-Boarder immer gehört, der nun verzweifelt versuchen muss, seine Position zu behaupten.

• Das eigentliche Boarding. Während sich alle im Flugzeug sortieren und ihre Plätze einnehmen, durchleben die meisten Fluggäste nacheinander drei Zustände: 1. Genervt darauf warten, dass die anderen endlich ihr Zeug verstaut haben, damit es weitergeht, und dabei ausstrahlen, dass die Doofköpfe sich etwas beeilen könnten. 2. Selbst seine Sachen verstauen und dabei Selbstgerechtigkeit ausstrahlen, sich alle Zeit der Welt nehmen und großflächig in der Ablage ausbreiten, vielleicht noch zwei Mal den Platz mit dem

Ehepartner tauschen. 3. Endlich auf dem Platz sitzen und vorwurfsvoll die anderen im Gang anstarren, die so lange brauchen, obwohl sie selbst doch eigentlich abflugbereit sind. Unabdinglicher Bestandteil des Boarding ist der Kampf um den Stauraum in der Ablage. Manche Verrückte bringen Koffer mit in die Kabine, die in allen drei Dimensionen exakt 0,01 cm kleiner als das zulässige Maß sind – also groß genug, um darin ein mittelgroßes Alphorn zu transportieren. Solche Koffer werden ohne Rücksicht auf Verluste in die Ablage gerammt. Natürlich beharrt jeder Fluggast darauf, dass seine Tasche direkt über ihm deponiert wird und nirgendwo sonst.

- Der Start. Einige Fluggäste werfen panisch Kaugummi ein, als wäre der Kampf gegen eine Veränderung des Kabinendrucks ein religiöses Ritual, ohne das der Flieger nicht abheben kann. Leider dürfen Sie hier noch keine Kopfhörer einstöpseln oder sich mit Ihrem Smartphone beschäftigen. Stellen Sie sich unverzüglich schlafend, falls in Ihrer Nähe nervöse Erstflieger sitzen.

- Der Flug. Sobald die Reiseflughöhe erreicht ist, ziehen Sie Kopfhörer auf. Warten Sie darauf, dass der Flug vorüber ist. Reden Sie mit niemandem. Alle anderen werden immerzu fluchen – über die Verspätung, über das Schaukeln, über die Stewardess, die immer noch nicht mit dem Alkohol da war, über die Duty-free-Preise, über die Flugroute, über die Wolken.

- Die Flugzeugtoilette. Sie ist für groß gewachsene Menschen nicht geeignet, wobei die Designer dieser Toiletten alle jenseits der 1,70 zu dieser Gruppe zählen. Wenn Sie Glück haben, bekommen Sie Ihre Knie so angewinkelt, dass Sie die Tür komplett schließen können. Als Stubenhocker sollten Sie die Flugzeugtoilette nur im Notfall aufsuchen, denn die meisten Menschen scheinen großen Spaß daran zu haben, ihre Verdauung auf ihre Flugzeiten auszurichten.

- Das Essen. Sie bekommen eine Warmhalteschale von der Größe einer Katzenfutterdose. Beim Ablösen des Aludeckels ziehen Sie sich Verbrennungen zweiten Grades an den Fingerkuppen zu. Keine Angst, beim Essen wird Ihnen nichts geschehen – die ganze Hitze der Mikrowelle steckt in der Packung, die kümmerlichen Brocken in ihrem Inneren haben davon nur den kleinsten Teil abbekommen. Was Sie zunächst für seltsame Variationen von Zahnstochern halten, entpuppt sich als Besteck. Das Kartoffelgratin erinnert Sie an den Tag, als Sie hinten im Vorratsschrank die Bananen vom letzten Jahr gefunden haben. Der Nachtisch ist ein daumengroßer Zupfkuchen in Zellophan, den Ihr Klempner liebend gerne zum Auskleiden der Wasserleitung verwenden würde. Guten Appetit!
- Die Landung. Wieder flackert bei einigen Fluggästen die Kaugummipanik auf. Stubenhocker klatschen nicht.

Leider können Sie beim Fliegen nicht spontan den Sitzplatz wechseln, wenn der Nachbar einen wenig vertrauenswürdigen Eindruck macht. Sie müssen nehmen, was kommt. Daher sollten Sie sich im Klaren darüber sein, dass die Chance, in einem Flugzeug neben normalen Leuten zu sitzen, verschwindend gering ist. Zu wissenschaftlich nachgewiesenen 86,3% werden Sie neben einem dieser Typen landen:

- Der Armlehne-Taliban. Sein Ellenbogen ist besser als Ihrer, und das zeigt er Ihnen auch. Ansonsten ignoriert er Sie ausführlich (an sich kein schlechter Charakterzug. Wenn nur sein nerviger Knochenfortsatz nicht wäre). Sie können seine Oberhoheit anerkennen und sich schmal machen, oder Sie kämpfen. Besser, Sie kämpfen. Zeigen Sie ihm schweigend, dass die Demokratie und die Gerechtigkeit immer siegen und seine Ellenbogengesellschaft in Miniaturformat geächtet ist!

- Der Tageszeitung-Terrorist. Er hält das Tabloid-Format und digitale Zeitungen für eine der sieben Plagen. Ignoriert viele menschliche Errungenschaften, z.B. die Fähigkeit, eine Zeitung zu falten. Liest prinzipiell in Albatros-Stellung. Bevorzugt einen Mittelplatz. Abhilfe: Sie ignorieren seine Zeitung und schränken sich in Ihrer Bewegung nicht ein. Die Zeitung ist Luft für Sie. Wenn er es wagt, sich deswegen zu beschweren, ignorieren Sie ihn ebenfalls.

- 5-Minuten-Inkontinente. Diese Personen sitzen bevorzugt auf einem Fensterplatz. Wenn fünf Minuten rum sind, müssen Sie auf die Toilette. Zwei bis drei Leute sind gezwungen, von ihren Plätzen aufzustehen. Vor der Toilette ist eine Warteschlange, weswegen sie Panik verbreiten und flehen, vorgelassen zu werden, was ihnen in der Regel gelingt. Dann kommen sie zurück, und die ganze Reihe muss wieder aufstehen und den Querulanten reinlassen. Es vergehen fünf Minuten ...

- Die Plapperschlange. Sie ist identisch mit der älteren geschwätzigen Dame, der man oft im Zug begegnet. Im Flieger ist sie noch unerträglicher. Entweder sie fliegt zum ersten Mal, oder sie fliegt andauernd. In beiden Fällen hat sie viel zu erzählen. ZU viel.

- Der Globetrotter. Der Schlimmste, neben dem man landen kann. Er fliegt, wie andere Bus fahren. War überall, kennt alles und jeden. Stöhnt nur noch gelangweilt beim Video mit den Sicherheitshinweisen. Brennt darauf, Ihnen Geheimtipps vom Zielort zu offenbaren. Blocken Sie ab, wo

Sie nur können. Am besten tischen Sie ihm auf, dass Sie am Zielort einen Verwandten besuchen, der dort schon seit 20 Jahren lebt und sich bestens auskennt. Das wird ihn zunächst nicht davon abhalten, Ihnen trotzdem was erzählen zu wollen. Täuschen Sie einen epileptischen Anfall vor, oder stellen Sie sich einfach tot (weihen Sie vorher eine vertrauenswürdig aussehende Stewardess ein).

Sie sehen – Fliegen ist die Hölle über Erden. Wenn Sie als Stubenhocker so einen Ausnahmezustand überstehen wollen, sollten Sie den Weg des geringsten Widerstandes wählen. Seien Sie früh zum Einchecken da. Nehmen Sie einen Fensterplatz. Minimieren Sie die Toilettengänge an Bord (idealerweise eliminieren Sie diese ganz). Strahlen Sie Mattigkeit und Erschöpfung aus, reagieren Sie nicht auf äußere Reize wie Luftlöcher, verschütteten Tomatensaft oder plötzliche Ohnmacht im Cockpit – Ihre Reaktion könnte vom Sitznachbarn als Einladung zum Gespräch missverstanden werden.

Versuchen Sie, Ihren Aufenthalt in der Luft in Anstand und Würde hinter sich zu bringen. Entziehen Sie sich den seltsamen Ritualen, zu denen sich andere gezwungen fühlen. Oder besser noch: Fliegen Sie einfach gar nicht erst.

Öffentlicher Personennahverkehr: Die Wade in der Lichtschranke

Der Öffentliche Personennahverkehr, also Bus, S-Bahn, U-Bahn, Tram und ähnliche Zumutungen, ist nur auf kurze Distanzen auszuhalten. Wenn Sie als Stubenhocker schon nicht begeistert davon sind, Wegstrecken eingepfercht mit anderen Leuten hinter sich zu bringen, ist eine durchschnittliche ÖPNV-Fahrt für Sie eine alttestamentarische Erfahrung:

- Bus: Ein Busfahrer thront über den Dingen. Wortwörtlich. Von seiner erhöhten Position aus lenkt er seinen Bus wie einen Wal durchs Korallenriff. Für ihn gilt nicht »rechts vor links«, sondern »ich vor allen anderen«. Eine sanfte Fahrweise hält er, besonders wenn er ein Berliner ist, für sinnlos. Wollen Sie sich auf eine Busfahrt durch die Innenstadt vorbereiten, setzen Sie sich in eine Hüpfburg, und lassen Sie 10 überzuckerte Sechsjährige reinstürmen.
- Tram: Fährt auf Schienen, die notdürftig in den Teer oder ins Kopfsteinpflaster versenkt wurden. Deswegen schleifen die Räder immer und überall. Im Inneren klingt das wie die Tonprobe eines Death-Metal-Konzerts.
- U-Bahn: Fahrer von U-Bahnen haben zuletzt das Tageslicht gesehen, als der Kanzler noch Kohl hieß. Wenn sie Feierabend haben, ist es schon dunkel, und vor Tagesanbruch steigen sie wieder in die Tunnel hinab.
- S-Bahn: Fühlt sich der U-Bahn überlegen, aber hat Minderwertigkeitskomplexe gegenüber den richtigen Zügen, die nicht nur Arbeiter ins Industriegebiet kutschieren oder Bänker in die Innenstadt. Daher ist eine S-Bahn immerzu bockig – die Türen schließen nicht richtig, An- und Abfahrt sind besonders ruppig. Trotzdem besitzen die S-Bahnen in einigen Städten ein Erste-Klasse-Abteil, in das auch bei größtem Gedränge in der zweiten Klasse kein Mensch reindarf.

Im ÖPNV sollte die Durchsage »Achtung, ein Zug fährt ein« ersetzt werden durch »Lasst, die ihr eintretet, alle Hoffnung fahren«, um gleich für die richtige Grundstimmung zu sorgen. Sie werden fast immer einen Stehplatz abkriegen und für die Dauer der Fahrt ordentlich durchgeschüttelt werden. An jeder Haltestelle quetschen sich noch mehr Leute rein, die individuelle Gerüche aus aller Welt mitbringen. Gehen Sie lieber zu Fuß, wenn die Laufstrecke nicht über eine Stunde beträgt. Falls doch, laufen Sie trotzdem.

Taxi: Schweigen macht verdächtig

Steigen Sie niemals in ein Taxi, ohne dass Sie sich vorher über die aktuellsten Entwicklungen auf lebenswichtigen Gebieten informiert haben! Nichts ist peinlicher, als im Inneren eines Taxis keine populärkompatible Meinung zu einer aktuellen boulevard-politischen Entwicklung oder einem Sportereignis zu haben. Sollte Ihnen das im Vorfeld nicht gelungen sein, rettet Sie – wie so oft – das Smartphone. Rufen Sie schnell eine Nachrichtenseite im Internet auf, überfliegen Sie die Überschriften, und schließen Sie daraus messerscharf, was Ihre passende Meinung sein sollte. Als Faustregel gilt: Der Taxifahrer wird mit den Boulevard-Medien konform gehen. Achten Sie darauf, dass Sie das für die Dauer der Fahrt auch tun! Ansonsten wird der Taxifahrer Sie hassen und extralange Umwege fahren, ohne dass Sie es bemerken. Selbst wenn es Ihnen auffällt und Sie darauf hinweisen, wird er Ihnen etwas von Baustellen, Umleitungen und Abkürzungen erzählen oder plötzlich so tun, als würde er Ihre komische Sprache nicht mehr verstehen.

Wie man mit Taxifahrern reden muss, wenn man halbwegs pünktlich zu einem realistischen Preis ankommen will, erläutert die folgende Tabelle. Was als schlechte Antwort gilt, ist oft moralisch richtig, hat aber zur Folge, dass der Taxifahrer Sie in einem Naherholungsgebiet aussetzt.

Taxifahrer sagt:	Kontext:	Gute Antwort:	Schlechte Antwort:
»Die ham wir gestern weggeputzt, wa?«	Eine deutsche Mannschaft hat in der Champions League gewonnen.	»Jaha, so könnten wir bis ins Endspiel kommen!«	»Ist eigentlich der Rehhagel noch Trainer?«
»Die ham wir gestern weggeputzt, wa?«	Ein lokales Asylantenheim wurde angezündet.	»Hm.«	»Du blödes Arschloch.«
»Die ham wir gestern weggeputzt, wa?«	Taxifahrer war mit Kumpels einen heben und glaubt, Sie wären dabei gewesen.	»Ich könnte schon wieder.«	»Mir ist immer noch schlecht.«
»Das ist ein verdammtes Dreckswetter …«	Es schneit.	»Ja, das ist ein verdammtes, verfluchtes Dreckswetter!«	»Aber es ist doch so schön weiß!«
»Das ist ein verdammtes Dreckswetter …«	Es regnet.	»Ja, das ist ein verdammtes, verfluchtes Dreckswetter!«	»Aber die Natur braucht das Wasser!«
»Das ist ein verdammtes Dreckswetter …«	Die Sonne scheint.	»Ja, das ist ein verdammtes, verfluchtes Dreckswetter!«	»Aber es ist doch so schön warm!«

»Das ist ein verdammtes Dreckswetter …«	Der Taxifahrer hat sich verfahren und will davon ablenken.	»Ja, das ist ein verdammtes, verfluchtes Dreckswetter! Ach, lassen Sie mich doch gerade hier raus.«	»Wir hätten da abbiegen müssen.«
»Dat is doch nur eine Lappalie, die sollen sich nich so aufregen.«	Eine deutsche Mannschaft hat in der Champions League verloren.	»Kein Wunder, bei der Abwehr.«	»Da hat der Rehhagel die falsche Taktik gehabt.«
»Dat is doch nur eine Lappalie, die sollen sich nich so aufregen.«	Ein lokales Asylantenheim wurde angezündet.	»Hm.«	»Du blödes Arschloch.«
»Dat is doch nur eine Lappalie, die sollen sich nich so aufregen.«	Ein Politiker hat seine Doktorarbeit gefälscht.	»Genau, der sagt wenigstens, was alle denken!«	»Ich hab übrigens auch Abitur.«
»Die sind doch alle bekloppt da!«	Ein Schurkenstaat hat erfolgreich Uran angereichert.	»Die gehören zurück in die Steinzeit gebombt.«	»Denen gehört der Botschafter ausgewiesen.«

»Die sind doch alle bekloppt da!«	Es läuft gerade eine Casting-Show im TV.	»Ich drücke der Blonden die Daumen, die kann so schön singen.«	»Ich schaue nur Arte.«
»Die sind doch alle bekloppt da!«	Beim Passieren einer Demonstration von Wutbürgern.	»Wofür braucht's überhaupt Bahnhöfe, wenn es Taxis gibt?«	»Ziviler Ungehorsam ist das Zeichen einer gesunden Demokratie.«
»Bertolt Brecht wird immer noch unterschätzt.«	Ihr Taxifahrer ist Germanist (Wahrscheinlichkeit: 64%).	»Er hat nicht nur das Theater revolutioniert, sondern auch die Kurzgeschichte.«	»Solange der Rehhagel ihn nicht wieder auf der Bank versauern lässt.«
»Bertolt Brecht wird immer noch unterschätzt.«	Der Taxifahrer hat sich verfahren und will davon ablenken.	»Er hat nicht nur das Theater revolutioniert, sondern auch die Kurzgeschichte. Ach, lassen Sie mich doch gerade hier raus.«	»Immerhin hat er gewusst, wo er abbiegen musste, um vor den Nazis zu fliehen.«

Das Wohnmobil: Fiktion und Realität

Mit kaum einem Verkehrsmittel verbinden Reisesüchtige so viele Idealbilder wie mit dem Wohnmobil. Sie stellen sich vor, dass sie damit eigenständig und unabhängig die entferntesten Länder bereisen können. Sie haben alles dabei, was sie zum Leben benötigen, ja sogar einen gewissen Luxus, aber sie können dorthin ziehen, wohin der Wind sie treibt. Sie sind die Herren der Landstraße, niemandem zu Rechenschaft verpflichtet, sie sind die Outlaws unter den Urlaubern. Leider unterscheiden sich die Vorstellungen des Reisens mit dem Wohnmobil gehörig von der Realität.

Schauen wir uns an, welche Aspekte so ein Selbstverständnis ausmachen und wo die Selbsttäuschung liegt.

Ein Wohnmobil ist praktisch

Falsch. Das Motto der Wohnmobil-Liebhaber lautet: »Wenn der Berg nicht zum Propheten kommt, muss der Prophet den Berg halt mitnehmen.« Die Größe ist das Hauptmerkmal eines Wohnmobils und das, worauf potenzielle Käufer am meisten achten. Nichts ruft unter den Wohmobilisten mehr Mitleid hervor als ein hutzeliges Gefährt, das man aus zweiter Hand erworben hat. Nein, mit einem Wohnmobil will man Eindruck schinden, und dafür muss es in erster Linie GROSS sein.

Entsprechend sind Fahrverhalten und Straßenlage. Ein Wohnmobil fährt sich wie ein leckgeschlagener Öltanker, an dem Rollerblades befestigt wurden. Es nimmt prinzipiell zwei Spuren und Parkplätze ein, was an sich schon ärgerlich für alle anderen ist, aber schlimmer wird es noch durch die Selbstverständlichkeit, mit der die Lenker eines Wohnmobils genau das für sich einfordern. Als Kind wollten sie Lokführer werden, aber dann wurden sie missmutiger Schaffner, sind in Frührente gegangen und erfüllen nun ihren Kindheitstraum: Sie lenken ein riesiges Gefährt, das ungeheuren Lärm verursacht – und kichern dabei unablässig, weil sie nicht mal an Schienen gebunden sind. Alle anderen Verkehrsteilnehmer reagieren mit Zetern und Zorn auf diese Brontosaurier der Straße, was die Lenker der Wohnmobile nur als Bestätigung ihrer Vormachtstellung sehen. Ähnlich wie die Fahrer bestimmter Automarken sind die Gebieter über die Wohnmobile von dem Selbstbild eingenommen, dass die Straße in erster Linie für sie gebaut worden ist. Leider müssen sie damit leben, dass auch anderes Gefleuch unterwegs ist.

Ihr fahrbarer Untersatz ist weniger praktisch als ein stinknormales Auto, aber das wollen die Fahrer von Wohnmobilen nicht einsehen. Sie werden Ihnen etwas vom wirklich kleinen Wendekreis erzählen wollen, außerdem wissen sie die Maße ihres Ungetüms auswendig und haben Vergleichszahlen von Kombis parat, mit denen eine achtköpfige Familie aus dem Kosovo fliehen könnte – im Vergleich dazu ist ihr Wohnmobil doch eigentlich kompakt! Ganz zu schweigen davon, dass es so viel Diesel verbraucht wie ein Güterzug den Ural aufwärts.

Lassen Sie sich mit diesen Leuten nicht auf Diskussionen ein! Weil ein Wohnmobil ungefähr so viel wie ein vollständiges Set Organe auf dem Schwarzmarkt kostet, wird der Besitzer alles tun, um sein Gefährt für alltagstauglich zu erklären und Sie dafür zu begeistern. Allen Ernstes wird er Ihnen weismachen wollen, dass er damit auch mal einkaufen fährt oder einen kleinen Ausflug am Wochenende macht. Alles erstunken und erlogen! Weil das Ding so teuer war, steht es den größten Teil der Zeit in der Garage, damit es sich nicht abnutzt oder dreckig wird.

Ein Wohnmobil ist bequem

Falsch. Schon der Name ist irreführend. »Wohnen« und »mobil« schließt sich gegenseitig aus. Wer wohnen will, bleibt zu Hause. Wer mobil sein will, ist unterwegs. Entsprechend kann ein Wohnmobil nur ein Kompromiss sein, und Kompromisse sind was für Feiglinge, aber nicht für Stubenhocker.

Der Besitzer eines Wohnmobils wird Ihnen erzählen wollen, sein Ungetüm sei innen größer als außen. Aber sogar wenn er in der Lage wäre, die Gesetze der Physik auszuhebeln, dann würde es nur in die umgekehrte Richtung funktionieren, denn es ist innen enger, als es von außen wirkt. Selbst ein Wohnmobil in der Größe eines Einfamilienhauses kann mit drei kurzen Schritten durchquert werden, wobei man sich zwangsläufig mittelschwere Verletzungen an Stirn, Knie und Ellenbogen zuzieht. Angeraten ist es, sich nur auf allen vieren durch ein Wohnmobil zu bewegen, wenn Sie unverhofft eines betreten müssen, oder sich auf den Rücken zu legen und mit den Füßen abzustoßen. Die Betten sind so schmal, dass nur Schwebebalken-Profis in instabiler Seitenlage darauf schlafen können.

Alle Utensilien in einem Wohnmobil müssen mit Klett befestigt werden (auch Teller, Gläser, Besteck). Wäre eine Hundehütte genauso wie ein Wohnmobil isoliert, ginge der Tierschutzbund auf die Barrikaden. Für einen Wohnmobilisten ist es eine Selbstverständlichkeit, eine Nacht in arktischer Kälte zu verbringen, er ist sogar stolz darauf.

Glauben Sie den Wohnmobilisten nicht – der Begriff »Bequemlichkeit« ist ihnen ein Fremdwort.

Ein Wohnmobil bedeutet Freiheit

Falsch. Es sei denn, man ist ein Verfechter des Patriarchats. Denn Wohnmobile werden nur von Männern gelenkt. Den Anblick eines Wohnmobils, das von Mutti gelenkt wird, während Vati auf dem Beifahrersitz hockt, hat es in der Menschheitsgeschichte noch nicht gegeben. Es ist ein ungeschriebenes Gesetz, dass Vati lenkt und Mutti hockt. Wichtig:

Beide müssen dabei immerzu griesgrämig aus der Wäsche gucken. Lächeln ist verboten. Sobald man ein Wohnmobil betritt, muss man schlechte Laune haben, auch ohne irgendeinen bestimmten Grund. Denn auch wenn es sich die Wohnmobilisten nicht eingestehen wollen: Ihr Gefährt ist nicht flexibel genug, um schnell auf die Veränderung äußerer Einflüsse zu reagieren. Sie können sie nur verfluchen und anderen die Schuld geben, was eine lange deutsche Tradition ist.

Mit dem Wohnmobil ist man naturverbunden

Viele Wohnmobil-Urlauber reden sich ein, dass sie tief im Herzen abenteuerlich gestimmte Camper sind, die einfach nur ein klein wenig komfortabler unterwegs sind. Im Wohnmobil zu schlafen ist ja fast wie im Zelt zu liegen, und im Zelt ist man ja fast wie unter dem Sternenhimmel. Nein, falsch. Ein Wohnmobil ist viel zu groß für die Natur. Es kann sich ihr nur annähern und ist abseits von Campingplätzen zu nichts zu gebrauchen. So gondelt der Wohnmobilist von einem Platz zum nächsten, wo er Wasser und Strom tanken und die Toilette säubern kann. Letzteres ist vielleicht das Einzige, was ein Wohnmobil noch mit der Natur verbindet: die Notwendigkeit der Entsorgung der eigenen Fäkalien. Dazu gezwungen zu sein macht trotzdem noch keinen Naturburschen.

Mit einem Wohnmobil erkundet man fremde Länder

Wenn sie sich nicht Naturverbundheit einreden, stellen sich viele Wohnmobil-Freunde ihr Gefährt wie einen luxuriösen Jeep vor, mit dem sie durch die Wüstenei und den Dschungel pflügen können. Nichts ist ferner von der Wahrheit entfernt. Mit einem Wohnmobil ist man nur auf innerdeutschen, gut geteerten Straßen unterwegs, denn das Gefährt war viel zu teuer, um ihm die Gefahren des Auslands zuzumuten. Ein

Wohnmobilist kennt alle Ausreden, warum er beim Anblick der Landesgrenze schnell umdreht: Das Fahrzeug ist für die schlechten Straßen da drüben gar nicht ausgelegt, es gibt nicht die richtige Benzinmischung, sicher wird sein Juwel sofort überfallen ... also bleibt man dann doch am hiesigen Baggersee.

Die Lösung: Nichtreisen

Wenn man die unterschiedlichen Reisearten auf einer Schrecklichkeitsskala von 1 (harmlos) bis 10 (Einschlag eines riesigen Meteoriten während einer Wurzelbehandlung) einstufen müsste, wäre nicht die Punktevergabe das Problem, sondern die Frage, in welcher Reihenfolge man die Reisearten bei der 10 anordnet.

Sie haben das Schema vermutlich schon durchschaut. Die einzige Lösung, die Sie für die Probleme der Mobilität haben, ist die totale Verweigerung. Erledigen Sie berufliche Angelegenheiten per Videokonferenz, Telefon oder E-Mail. Lassen Sie sich diese Notwendigkeit ruhig per ärztlichem Attest bestätigen.

9

Geheule und Gejaule: Verreisen mit Kindern und Tieren

Kinder zu haben multipliziert alle Emotionen. Eltern erleben alles intensiver. Eine kleine Freude wird zu Euphorie, Liebe wird vervielfacht, Glück wird potenziert.

Was natürlich auch für alles gilt, was Sie am Reisen hassen. Wenn Sie Ihre Nachkommen dabeihaben und der Abflug sich um eine Stunde verzögert, wird es Ihnen wie ein halber Tag vorkommen. Wenn Sie ermattet hinterm Lenkrad im Stau hängen, wird es für Sie sein, als würde auf der Rückbank die Schlacht bei Waterloo nachgestellt. Wenn Ihr Kind im Spielzeuggeschäft im Urlaubsort plärrt, weil es etwas haben will, werden Sie es wie das Starten eines Düsenjets empfinden (die Passanten übrigens auch, nur dass die Sie dann wenig mitleidig auslachen werden).

Für jede Station einer Urlaubsreise mit dem Nachwuchs sollten Sie individuelle und vor allem altersgerechte Tricks anwenden, um alles zu überstehen:

Im Auto

... mit Babys
Harmlos. Babys schlafen im Auto meistens. Wenn sie weinen, geben Sie ihnen was zu trinken, dann geht es weiter.

... mit kleinen Kindern

Regel Nummer 1: Sie müssen genug zu essen und zu trinken mitnehmen. Bevorzugt Süßigkeiten, idealerweise welche, die sonst nicht erlaubt sind. Erhebt sich von der Rückbank ein Anflug von Protest, werfen Sie etwas nach hinten. Das macht Spaß und beschäftigt die Kleinen eine Zeit lang.

Regel Nummer 2: Halten Sie Spucktüten griffbereit.

... mit Schulkindern

Nutzen Sie die Fahrt, um mit Ihren Kindern gesellige Spiele zu spielen. Erfinden Sie anhand der Autokennzeichen um Sie herum neue lustige Schimpfwörter und Flüche. Staunen Sie über den Wortschatz, den Ihr Nachwuchs in dieser Hinsicht schon beherrscht. Nutzen Sie die Pausen an den Raststätten, um per Smartphone in Jugendsprache-Lexika nachzuforschen, was Ihre Kinder gesagt haben. Widerstehen Sie der Versuchung, Ihre Kinder an der Raststätte zurückzulassen.

... mit Teenagern

Regel Nummer 1: Ihre Kinder werden alles tun, um Sie zu ignorieren und daher während der Fahrt nur aufs Smartphone starren.

Regel Nummer 2: Halten Sie Spucktüten griffbereit.

Zugfahrt

... mit Babys

Versuchen Sie, in eines der Abteile zu kommen, die für Kleinkinder optimiert wurden. Leider gibt es davon ungefähr so viele wie schweigende Kinogänger an einem Samstagabend.

Sprich, wenn Sie reservieren wollen, sind sie schon vergeben. Also landen Sie mit Ihrem Nachwuchs in einem normalen Abteil oder im Großraumwagen. Immerhin haben dann auch die anderen Leute etwas davon. Wenn Sie keinen 4er-Platz mit Tisch haben, bitten Sie die Geschäftsleute am nächstgelegenen Tisch, kurz ihre Notebooks hochzuheben, damit Sie wickeln können. Es wird nicht lange dauern, bis Abteil oder Waggon sich leeren und Sie etwas durchatmen können.

… mit kleinen Kindern

Kinder können nicht lange still sitzen und möchten sowieso den gesamten Zug erforschen. Stellen Sie sich darauf ein, dass Sie im Zug so viele Meter zu Fuß zurücklegen werden, dass Sie die Fahrtstrecke auch gleich hätten laufen können. Wegen des Gewackels wird Ihr Kind oft stolpern, sich wehtun und dann weinen. Beruhigen Sie es mit Fruchtgummi.

Und halten Sie Spucktüten bereit.

… mit Schulkindern

Neben Süßigkeiten können Sie Schulkinder auf einer Zugfahrt nur mit einer Sache beruhigen: Comics. Kaufen Sie am Bahnhofskiosk alles, was Sie bekommen können. Frischen Sie Ihr Wissen über Superhelden auf, bevor Sie den Zug betreten. Diskutieren Sie mit Ihrem Kind leidenschaftlich und lange darüber, welcher Superheld mit welchem anderen den Boden aufwischt.

… mit Teenagern

Diese Reise verlangt schon bei der Buchung geschickte Planung. Reservieren Sie die Sitzplätze in einem anderen Abteil als Ihrem. Teenager wollen in der Öffentlichkeit nicht mit ihren Eltern gesehen werden, weil sie dann als jemandes Kinder wahrgenommen werden. Sobald Sie den Zug betreten, sollten Sie so tun, als kennen Sie Ihre Kinder nicht mehr. Geben Sie den Teenagern ihre Sitzplatzreservierung und genug Kleingeld, und ignorieren Sie sie während der Fahrt. Passen Sie nur auf, dass die Gören nicht den Ausstieg am richtigen Bahnhof verpassen.

Fliegen

... mit Babys

Während Babys in Autos überhaupt – oder wenigstens fast nie – ein Problem darstellen und sich im Zug auch einigermaßen beruhigen lassen, weil man mit ihnen rumlaufen oder sich bei Schreiattacken mit ihnen in der Toilette einsperren kann, so ist all das in einem Flugzeug nicht möglich. Sie sind an Ihren Platz gefesselt – und das Baby an Sie. Pünktlich zum Abflug wird sich der Säugling vor Begeisterung in die Hose machen. Alle Umsitzenden tun so, als würden sie es nicht riechen oder als würde sie es überhaupt nicht interessieren. Machen Sie sich nichts vor: Während des Fluges wird das Baby brüllen. Pausenlos. Es gibt keine Chance, das zu verhindern. Finden Sie sich damit ab. Wahrscheinlich verlieren Sie die Nerven und brüllen Ihrerseits alle an, die sich daran stören (nur Ihr Kind nicht: Das kann schließlich nichts dafür). Putzen Sie die anderen Passagiere dafür runter, dass sie zu geizig für die Business Class waren. Am Zielort angekommen, werden Sie erwägen, die Rückreise rauszuzögern, bis das Baby laufen kann.

... mit kleinen Kindern

Für kleine Kinder ist ein Flug ein einmaliges Erlebnis. Sie werden jede Kleinigkeit wie ein Geschenk des Himmels feiern und unablässig alles kommentieren. Lenken Sie also ihre Aufmerksamkeit auf die anderen Leute, damit Ihre Kinder diese ausfragen, während Sie sich dem Unterhaltungsprogramm widmen.

... mit Schulkindern

Wenn sie schon früher geflogen sind – kein Problem. Aber wenn sie zum ersten Mal den Boden unter den Füßen verlieren, wird es wie ein Erweckungserlebnis für sie sein. Ihnen wird klar, was da passiert: Sie geben komplett die Kontrolle über ihr Leben ab. Hier trennt sich die Spreu vom Stubenhocker. Entweder sie zucken mit der Schulter, genießen den Flug und degenerieren zu Reisesüchtigen – oder sie machen den ersten Schritt zum Erwachsenwerden und zur Vernunft, indem sie beginnen, das Fliegen und Verreisen zu hassen.

... mit Teenagern

Wie im Zug würden die Teenager gern weit weg von Ihnen sitzen, aber wegen des allgemeinen Getümmels sollten Sie das nicht erlauben. Vermeiden Sie während des Flugs jeden Kontakt, auch wenn Sie nebeneinander sitzen, dann ist alles gut.

Ferienreisen

Wenn Sie mit Schulkindern in Urlaub fahren, müssen Sie sich neben den individuellen Problemen der Reiseart darauf einstellen, dass man Sie wie Melkkühe behandelt. Für eine

Ferienwohnung, die außerhalb der Schulferien pro Nacht pauschal 50 € kostet, wird in den Schulferien 55 € berappt. Klingt ja nicht schlecht – allerdings werden Zustellbetten, die Endreinigung, die Wetterpauschale, die Kurtaxe, die Bettwäsche, die Handtücher, das Wasser, der Strom, die Sonnenstrahlen, die Besteckschublade, die Feinstaubverordnung und die Primeln im Vorgarten extra berechnet, wodurch sich ein Gesamtbetrag von 182,53 € pro Nacht ergibt. Leider waren Klagen vor dem Bundesgerichtshof für Menschenrechte erfolglos, vermutlich weil irgendeine Regierungspartei von Ferienwohnungsbesitzern unterwandert wurde.

Bei Pauschalurlauben sind die Verhältnisse ähnlich, aber der Betrug ist weniger subtil. Auf dem Kalender wird eine Periode zur Hauptsaison erklärt, die rein zufällig in die Schulferien fällt. An der Infrastruktur des Urlaubsorts oder dem Angebot ändert sich überhaupt nichts, es kostet einfach nur mehr Geld. Was umso schwerer wiegt, weil man – um Geld zu sparen – nicht einfach die Kinder alleine in den Urlaub schicken kann, um selbst zu Hause zu bleiben. Im Gegenteil – sucht man nach Angeboten mit Kinderbetreuung, kostet diese natürlich extra. Die Folge: Ein Familienurlaub ist so teuer, dass ihn sich nur Anbieter von Familienurlauben und Besitzer von Ferienwohnungen leisten können. Normalsterbliche müssen entweder ihren Hamster für medizinische Experimente verkaufen, aufs Erbe spekulieren oder nebenberuflich im Kalibergwerk arbeiten, wenn sie mit einem oder mehreren Kindern im Schulalter wegfahren wollen.

Die Ferienzeiten sind eine Kette, die Eltern ans Bein gelegt wird. Damit müssen Sie sich arrangieren. Planen Sie einfach rechtzeitig die Fahrt, also drei Jahre im Voraus. Vielleicht wird Ihnen dann sogar ein kleiner Frühbucherrabatt eingeräumt.

Die Kunst der Ablenkung

Sind Sie als Stubenhocker mit Ihren Kindern unterwegs, müssen Sie die Kunst der Ablenkung lernen, damit Sie genug Energie haben, sich selbst den Anforderungen des Reisens zu stellen. (Ist es nicht Ihr Nachwuchs, sondern der anderer Reiseteilnehmer, sind Sie fein raus – halten Sie sich einfach von den Kindern fern, oder werfen Sie ihnen die Androhung drakonischer Strafen an den Kopf.) Der Trick ist, die Aufmerksamkeit Ihrer Nachkommen lange genug auf andere Dinge zu lenken, damit Sie versuchen können, so etwas zu haben, was andere Leute Urlaub nennen und Sie ganz einfach Ruhe.

Lernen Sie, Warnzeichen zu erkennen: Ihr Kind wird unruhig, jammert rum, beschimpft oder verhaut Sie. Finden Sie unverzüglich andere Dinge oder Leute, die es beschimpfen oder verhauen kann, dann legen sich auch Unruhe und Rumgejammer.

Wenn Sie mit Kindern verreisen, sollten Sie das Prinzip der Gedankenreise anwenden. Diese Entspannungsübung hilft gestressten Menschen, um sich innerlich aus dem Alltag raus für kurze Zeit an einen anderen, beruhigenden Ort zu begeben. Das ist exakt, was Sie brauchen! Wenn Ihre Kinder abgelenkt sind, meditieren Sie sich für fünf Minuten zurück auf Ihr Sofa. Schon geht es Ihnen viel besser!

Terror auf vier Pfoten

Tiere in der Wohnung sind die perfekte Ausrede, um diese nicht zu verlassen (»Ich muss mich doch um das arme Viech kümmern!«) oder andere nicht reinzulassen (»Doch, der beißt! Und wie! Ja, es ist nur ein Wellensittich, aber was für einer!«). Natürlich spielen viele Faktoren bei der Wahl des Tieres eine

Rolle. Sie sollen nicht zu viel Arbeit machen und kein Chaos anrichten. Als Stubenhocker haben Sie aber auch nicht das Bedürfnis, ein kleines Wollmonster wie ein Zwergkaninchen, ein Meerschweinchen oder einen Hamster in Ihrer Wohnung zu beherbergen – da ist ja Ihr Kaktus unterhaltsamer. Stalltiere sind meistens größer als Sie, weswegen Sie ihnen kategorisch nicht über den Weg trauen sollten, außerdem sind Vermieter über diese auch nicht gerade erbaut. Daher kommen für Sie nur Hund oder Katze infrage. Die Unterschiede zwischen diesen beiden Tierarten im Alltag sehen so aus:

Ereignis	Hund	Katze
Es klingelt.	OH MEIN GOTT, WER IST DAS? WAU! WAU! WAU!	Pff.
Tier hat Hunger.	WUFF! WUFF! SABBER! WUFF! WUFF!	Miau.
Tier ist langweilig.	SPIEL MIT MIR! LOS! STÖCKCHEN! BALL! IRGENDWAS! DU FAULPELZ!	Pff.
Sie waren den ganzen Tag weg.	WO WARST DU? ICH DACHTE, DU KOMMST NIE WIEDER ZURÜCK! LASS MICH NIE MEHR ALLEIN!	Miau? Pff.
Sie staubsaugen.	Pff.	MIAU! MIAU! MIAU! MIAU!

Es ist eindeutig. Für einen Stubenhocker gibt es eigentlich nur ein Tier, das infrage kommt: eine Katze. Denn selbst Freigänger-Katzen sind tief in ihrem Herzen gut gekleidete

Stubenhocker, die einfach nur ihre Ruhe haben wollen, fremde Artgenossen anfauchen und am liebsten in der Sonne abhängen. Katzen sind pflegeleicht, holen sich Futter, wenn sie es brauchen, und beschweren sich nicht übers Wetter.

Nun gibt es Leute, die der Meinung sind, Hunde seien die perfekten Haustiere. Die Schnittmenge zwischen Reisesüchtigen und Hundebesitzern ist allerdings verdächtig groß, was daran liegt, dass man mit Hunden dauernd Gassi gehen muss, weil sie zu doof sind, eine Toilette zu benutzen, und weil sie selbst gern wie bekloppt durch die Pampa rennen (meist auf der Jagd nach wohlgenährten Joggern). Hunde lechzen immerzu nach Beschäftigung, Bestätigung, Zuwendung. Sprich, Hunde SIND Reisesüchtige. Sie freuen sich sogar darauf, stundenlang in den Fond eines Kombis gesperrt zu werden, nur um im Urlaub dabei zu sein.

Je mehr Katzen man besitzt, desto besser – und für einen Stubenhocker authentischer – ist auch der Ruf in der Nachbarschaft: »Guck, da ist die/der Verrückte mit den vielen Katzen im Haus!«

Wenn Sie mit einem Tier verreisen wollen, beherzigen Sie vor allem folgenden Rat: TUN SIE ES NICHT! Sie haben bestimmt ein paar Freunde, die sich total freuen, wenn sie tage- und wochenlang auf Ihr Vieh aufpassen dürfen. Ansonsten gibt es auch Tierpensionen.

Aber wenn Sie in die Verlegenheit geraten, doch mit einem Tier verreisen zu müssen, achten Sie darauf, dass die Reise so wenig belastend wie möglich wird – für Sie. Verpacken Sie das Tier nur artgerecht, und vergessen Sie die Luftlöcher nicht. Achten Sie auf die Zollbestimmungen und nötigen Impfungen. Ansonsten gilt für Tiere alles, was weiter oben für Kinder aufgezählt wurde.

10

Im Hotelzimmer:
Formen Sie ein Zuhause!

Wenn Sie zu einem Urlaub oder einer Dienstfahrt genötigt werden, müssen Sie sich damit arrangieren, in einem Domizil untergebracht zu sein, das nicht Ihnen gehört. Das an sich ist schon ein Zustand, der Ihnen zu Recht Schweißausbrüche beschert. Sie können es probehalber mal versuchen, aber es wird Ihnen nicht gelingen: den Gedanken daran zu unterdrücken, wie viele Leute schon vorher auf dieser Matratze geschlafen haben ... in dieser Dusche gestanden haben (mit stinkenden Füßen) ... auf dieser Toilette ... brr.

Ob Sie alleine oder mit der Familie in einem Hotel sind, ob es sich nur um eine Nacht oder mehrere Wochen handelt – in einem Hotel gelten eigene Regeln, die Sie unbedingt beachten sollten.

Warnsignale

Schon bei der Auswahl des Hotels können Sie mit wenig Recherche diejenigen Exemplare ausfiltern, die Sie sicher in den Wahnsinn treiben würden. Die genaue Lage können Sie leicht herausfinden und als ersten Schritt die Hotels in der Nachbarschaft mit schlechtem Ruf eliminieren. Auch die Kundenbewertungen in Hotelportalen stellen eine große Hilfe dar, doch dort sind die meisten negativen Bewertungen von irgendwel-

chen kleingeistigen Hysterikern verfasst, denen man sowieso
nichts recht machen kann, während die positiven natürlich ge-
fälscht sind. Immerhin eine Tendenz lässt sich daraus ablesen.
Es lohnt sich, die Homepage eines Hotels genauer unter die
Lupe zu nehmen. Wie bei Arbeitszeugnissen sollten Sie nach
bestimmten Wörtern und Formulierungen Ausschau halten –
und vor allem wissen, wie diese interpretiert werden müssen:

Formulierung:	Bedeutet in Wirklichkeit:
Familiär geführt.	Null Organisation, immerwährender Familienstreit im Erdgeschoss.
Zentrumsnah.	Am Arsch der Welt.
Im Kneipenviertel.	Schlafen unmöglich.
Alle Attraktionen fußläufig erreichbar.	… wenn man Marathon mag.
Parkplätze an der Straße vorm Hotel.	Keine Parkplätze.
Vor einigen Jahren teilrenoviert.	Baujahr 1952, vor Kurzem wurde feucht durchgewischt.
Internet auf dem Zimmer.	… für 12 € pro Viertelstunde.
Internet in der Lobby.	Windows-98-Rechner mit Modem.
Reichhaltiges Frühstücksbüfett.	Brötchen aus dem Antiquitätenladen. Marmelade unter einer grünen Schicht. Die Wurst beantwortet einfache Fragen.
Exzellente Verkehrsanbindung.	In der Einflugschneise des Flughafens.

Als Stubenhocker werden Sie eine Vorliebe für große, ano-
nyme Hotelketten entwickeln. Das, was Reisesüchtige an ihnen bemängeln, ist genau das, was Sie mögen: Kennen Sie ein
Hotel, kennen Sie alle. Es gibt keine Überraschungen, keine
Unwägbarkeiten. Über alle Details, die Ihnen an diesem Ho-

tel missfallen, sind Sie sich schon im Klaren, was für einen Stubenhocker beruhigender ist, als sich erst mit neuen Gepflogenheiten auseinandersetzen zu müssen.

Internationale Hotelklassifizierungen

Wenn Sie die Urlaubsangebote für Ihren Auslandseinsatz evaluieren, werden Ihnen mit schlafwandlerischer Sicherheit die Vorzüge bestimmter Unterkünfte angepriesen. Wer übernachtet nicht gern in einem luxuriösen Fünf-Sterne-Hotel?

Doch gerade außerhalb Deutschlands ist die Klassifizierung der Sterne anders als drinnen. Lassen Sie sich also nicht blenden, wenn Sie denken, dass Sie zu diesem Preis ja mit vier Sternen ein Schnäppchen gemacht hätten.

Anzahl der Sterne	Deutschland	Ausland
*	- Zimmer mit Dusche/WC - Tägliche Reinigung - Telefon - Tisch und Stuhl	- Hotel steht noch (größtenteils) - Schlüssel verfügbar - Zierkakerlake garantiert - Mindestens ein Fenster (teilverglast)
**	- Frühstücksbüffet - Leselicht am Bett - Badetücher - Kartenzahlung möglich	- Oberirdischer Eingang - Vor wenigen Jahrzehnten komplett renoviert - Telefon (am anderen Ende der Stadt) - Personalisierte Begrüßung durch Straßengangs

***	- 14 Stunden besetzte Rezeption - Heizmöglichkeit im Bad - Ankleidespiegel, Kofferablage - Systematischer Umgang mit Gästebeschwerden	- Täglich frische Kakerlaken - Kartenzahlung möglich (beim Schutzgeld) - 18 Stunden besetzte Gemeinschaftstoilette - Ablage für tote Fische
****	- 18 Stunden besetzte Rezeption - Lobby mit Sitzgelegenheit - Minibar auf Zimmer - Restaurant	- Gemeinschaftsbad im Keller - Frühstück mit mindestens 2 Komponenten - Einzelzelle mit Sitzgelegenheit - 20% Rabatt beim Schutzgeld
*****	- 24 Stunden besetzte Rezeption - Concierge - Körperpflegeartikel in Einzelflakons - Personalisierte Begrüßung	- Zimmer mit Dusche/WC - Tägliche Reinigung - Telefon - Tisch und Stuhl

Einchecken

Sie kommen im Hotel an und nennen am Schalter Ihren Namen. Dabei sollten Sie unbedingt ausstrahlen, dass Sie ein kritischer Kunde sind, der sich nicht irgendwas aufdrücken lässt, was inakzeptabel ist. Sprechen Sie mit fester Stimme, und beugen Sie sich immer ein Stück über den Tresen in Richtung des Ansprechpartners.

Die nächsten vier Minuten wird die Dame oder der Herr

jenseits des Schalters auf der Tastatur seines Rechners herumtippen und Ihnen dann einen Schlüssel oder eine Schlüsselkarte aushändigen.

Bedenken Sie: Diese Person ist Richter und Henker in Personalunion und entscheidet in diesen sich endlos hinziehenden Minuten über Ihre Unterbringung und damit über Ihren Geisteszustand während der Zeit, die Sie unter diesem Dach verbringen. In solchen kritischen Augenblicken müssen Sie also Ihr ganzes diplomatisches Geschick aufbieten, um dafür zu sorgen, dass alles in Ihrem Interesse verläuft. Erkundigen Sie sich höflich nach einem ruhigen, netten Zimmer. Diese Bitte wird am Schalter professionell ignoriert werden, solange Sie kein Schmiergeld zahlen. Beißen Sie nötigenfalls in den sauren Apfel, und schieben Sie einen kleinen Schein rüber, oder lassen Sie sich bei der Schlüssellotterie überraschen. Sie erhalten schließlich Schlüssel oder Keycard und begeben sich aufs Zimmer. Gehen Sie dort folgende Checkliste durch:

- Ist das Zimmer Nichtraucher, wie reserviert?
- Zum Hof, nicht zur Straße?
- Nicht direkt neben dem Lift?
- Wann wurde gelüftet?
- Ist das Bett breit genug? Ist die Matratze nicht zu hart und nicht zu weich?
- Funktionieren die Wasseranschlüsse?
- Kommt das Warmwasser schnell genug?
- Stimmt die Anzahl der Handtücher? Sind sie in allen nötigen Größen vorhanden?
- Funktioniert der Fön (falls inbegriffen)?
- Genug Toilettenpapier vorhanden? Ist die Rolle auf der Stange vorschriftsmäßig zu einem Dreieck gefaltet?
- Funktionieren die Lichter? Wie ist die Helligkeit? Reflektieren die Lampen auf dem TV-Bildschirm?

- Lassen sich die Vorhänge vollständig schließen und ermöglichen es, das Tageslicht komplett auszusperren?
- Funktioniert der Fernseher? Wie sind Bild- und Tonqualität? Wie viele Kanäle stehen zur Auswahl?
- Ist die Minibar (falls inbegriffen) ordnungsgemäß gefüllt? (Damit Ihnen nicht etwas berechnet wird, was Sie nicht verbraucht haben.)
- Ist die Aussicht zufriedenstellend?

Sollte ein Punkt davon verneint werden, gehen Sie gleich wieder hinunter, und lassen Sie sich ein anderes Zimmer geben. Weigert man sich, drohen Sie mit schlechten Bewertungen im Internet. Früher oder später werden Sie ein Zimmer bekommen, mit dem Sie sich arrangieren können. Zumindest auf den ersten Blick.

Optional: Intensive Prüfung des Hotelzimmers

Vieles, was oberflächlich sauber aussieht, ist in Wirklichkeit virenverseucht. Auf einer Reise werden Sie sowieso schon mit Krankheitserregern bombardiert. Sie können nur hoffen, dass die Sauberkeit in Ihrem Zimmer der Werbung entspricht. Aber wenn Sie sichergehen wollen oder befürchten, dass Ihr Immunsystem von den Reisestrapazen besonders belastet wird, sollten Sie sich vergewissern, dass Ihre Unterkunft alles nicht noch schlimmer macht. Dazu müssen Sie viel Ausrüstung, wissenschaftliches Grundwissen und eine gewisse Akribie mitbringen:

Packen Sie die Schwarzlichtlampe aus, die Sie eingepackt haben. Suchen Sie auf der Bettwäsche nach verräterischen Flecken, die auf mangelnde Hygiene hindeuten.

Entnehmen Sie eine Wasserprobe aus dem Wasserhahn im Badezimmer, und untersuchen Sie diese auf Keime mit Ihrem tragbaren Chemielabor für Sechstklässler. Das Gleiche machen Sie mit Wasser aus dem Duschkopf.

Wenden Sie Desinfektionsspray auf allen delikaten Stellen im Hotelzimmer an – großflächig. Wenn Ihnen schwindelig wird, öffnen Sie die Fenster. Lassen sich die Fenster nur kippen, gehen Sie zur Rezeption und verlangen ein anderes Zimmer. Lassen sich nirgendwo im Hotel die Fenster richtig öffnen, schreiben Sie eine böse Hotelrezension und tragen eine Atemschutzmaske bei der weiteren Desinfektion.

Streichen Sie mit einem Taschentuch über die Ablageflächen. Untersuchen Sie das Taschentuch mit der Schwarzlichtlampe.

Messen Sie die Gerüche aus dem Abfluss mit der Elektronischen Nase, die Sie mitgebracht haben.

Verlangen Sie an der Rezeption Einsicht in die verwendeten Materialien beim Bau und bei der Renovierung. Halten Sie besonders Ausschau nach Asbest, krebserregenden Farben und billigen Holzpaneelen. Kratzen Sie gegebenenfalls etwas Farbe oder Lack ab, und untersuchen Sie die Proben mit dem tragbaren Chemielabor.

Nehmen Sie eine Schallmessung vor, um die Durchlässigkeit der Wände und Fenster zu testen. Tun Sie das an allen Wänden, und lassen Sie sich von der Rezeption eine Einschätzung geben, wie laut Ihre Nachbarn auf einer Skala von 1 bis 10 sind.

Hat Ihr Zimmer auch diese genauere Untersuchung bestanden – herzlichen Glückwunsch, Sie haben Ihre temporäre Stube gefunden! Selbst wenn es nur für eine Nacht sein sollte.

Sollte es mehrere Punkte in einem Zimmer geben, die Ihnen nicht gefallen, oder sollte sich das Drama mit mehreren Zimmern wiederholen, bestellen Sie die Angestellten zu einem spontanen Kurzreferat ein. Erklären Sie ihnen stichpunktartig die Ansprüche der nicht zu unterschätzenden Klientel der Stubenhocker und worin sich diese von Partytouristen, Business-Angebern und anspruchslosen Durchreisenden unterscheiden. Es ist ja nicht so, dass Sie irgendwelche Sonderwünsche hätten. Im Gegenteil, alle Hotels werben damit, dass sie auf Ihre Wünsche eingehen, ja sie geben sogar eine Zufriedenheitsgarantie ab. Pochen Sie darauf!

Hoheitsrechte abstecken

Sie sind Stubenhocker und eigentlich schon zufrieden, wenn Sie ein Zimmer abkriegen, mit dem Sie sich arrangieren können. Damit das auch funktioniert, sollten Sie schon beim Einchecken darauf bestehen, dass für die Dauer Ihres Aufenthalts niemand Ihr Zimmer betreten darf. IHR Zimmer. Betonen Sie das. Erklären Sie, dass Sie für die Dauer Ihres Aufenthalts die volle Legislative, Exekutive und Judikative über Ihr Zimmer beanspruchen.

Vielleicht wird man Ihnen sagen, dass Sie einfach das »Bitte nicht stören«-Schildchen außen an den Türgriff hängen sollen. Das tun Sie natürlich sowieso, als Allererstes, und darauf weisen Sie unverzüglich hin. Aber die Erfahrung zeigt, dass dieses Schild gerne ignoriert wird. Offenbar werden Putzfrauen in Hotels mit Waffengewalt dazu gezwungen, JEDES Zimmer einmal täglich zu reinigen, selbst wenn der Gast es überhaupt nicht wünscht. Um sicherzugehen, dass Putzfrauen sich vor dem Eintreten in Ihr Zimmer korrekt verhalten, sollten Sie dieses Formular in mehrfacher Ausfertigung (mit den von Ihnen ausgefüllten Feldern) am Schalter abgeben, damit die Putzfrauen es gegenzeichnen:

ALLGEMEINE PUTZBEDINGUNGEN

Hiermit erkläre ich, _____,

dieses Zimmer Nr. ____

für die Dauer vom _____ bis _____

zu meinem alleinigen Hoheitsgebiet.

Wenn Sie hier eintreten, verpflichten Sie sich, folgende Richtlinien zu befolgen:

- Der Schlafanzug unter dem Kopfkissen ist nicht anzutasten.
- Alles, was auf dem Schreibtisch arrangiert wurde, darf nicht verschoben werden.
- Es werden nur Handtücher ausgetauscht, die auf dem Boden liegen. Hängt ein nasses Handtuch am Haken, DANN BLEIBT ES DA HÄNGEN, genauso wie die Öko-Mahnzettel an der Wand es vorschreiben!
- Das Fläschchen Duschgel, das gerade angebrochen wurde, WIRD WEITER-VERWENDET! Es wird durch kein neues ersetzt, solange noch was drin ist.
- Wenn Sie außerhalb der vereinbarten Zeiten eintreten wollen und ein »Bitte nicht stören« an der Türklinke hängt, treten Sie nicht einfach ein. Klopfen Sie einmal. Nur wenn jemand aus dem Zimmer reagiert und von sich aus die Tür öffnet, dürfen Sie eintreten. Erfolgt keine Reaktion, gehen Sie ohne weitere Fragen oder Klopfversuche weg.
- Ein Eintritt ohne vorherige Ankündigung und bei aufgehängtem »Bitte nicht stören«-Schild ist nur im Falle eines Feueralarms erlaubt (und auch dann nur, wenn die Flammen tatsächlich aus DIESEM Zimmer züngeln).

Als Putzzeit lege ich **9.30 – 10.00** fest. Eine abweichende Zeit bedarf eines gesonderten Antrags.

Bitte füllen Sie die folgenden Felder vollständig aus, und schieben Sie das Formular unter der Tür durch.

Das sollte Sie in den meisten Fällen gegen unerwartetes Türöffnen absichern, doch Sie können sich nie ganz sicher sein, ob eine resolute Putzfrau sich wirklich daran hält oder sie alles verstanden hat. Rechnen Sie immer damit, dass bei Ihnen angeklopft wird und den Bruchteil einer Sekunde später die Tür aufschwingt. In so einem Fall sollten Sie den George W. Bush in sich wecken und null Toleranz zeigen. Die Putzfrau ist entweder auf Ihrer Seite oder gehört zur Achse des Bösen.

Schnappen Sie sich Ihr Smartphone und fotografieren Sie den Eindringling. Drohen Sie damit, das Bild in einem Hotelbewertungsportal hochzuladen. Konfrontieren Sie die Putzfrau mit den von ihr unterzeichneten Allgemeinen Putzbedingungen. Verlangen Sie brutalstmögliche Aufklärung des Falls durch den Hoteldetektiv. Gibt es keinen, übernehmen Sie kommissarisch das Amt.

Wenn die Putzfrau in Ihrer Abwesenheit schließlich Ihr Zimmer betritt, sollten Sie es so hergerichtet haben, dass sie sofort mit Vorsicht, Respekt und ein klein wenig Angst erfüllt ist. So wird jede Neugierde erstickt, und die Putzfrau kommt nicht auf die Idee, in Ihren Sachen zu wühlen. Sie sollte idealerweise die anderen Bediensteten vor Ihnen warnen, falls der Ruf Ihrer Allgemeinen Putzbedingungen noch nicht bei allen angekommen ist. Das erreichen Sie, indem Sie strategisch günstig einige Dinge platzieren:

- Drucken Sie zu Hause ein paar Aktienkurse von bekannten Industrie- und Rüstungsfirmen aus. Versehen Sie diese mit aussagekräftigen Markierungen und Anmerkungen (»VERKAUFEN BEI 200!«/»MEHR SCHMIERGELDER!«/ »MINISTER ANRUFEN, MUSS INTERVENIEREN!«) und organisieren Sie sie übersichtlich auf dem Schreibtisch.

- Besorgen Sie sich in Ihrem örtlichen Schützenverein eine Handvoll gebrauchter Patronenhülsen. Verteilen Sie diese um den Abfalleimer herum.

- Aus Imagegründen sollte aus dem Abfalleimer eine leere Champagnerflasche ragen. Besorgen Sie sich eine, und trinken Sie diese aus. Wenn Sie nüchtern bleiben müssen, entsorgen Sie den Inhalt im Waschbecken.

- Verstreuen Sie etwas Mehl, idealerweise auf dem Rasierspiegel, ansonsten auf dem Waschbecken. Lassen Sie daneben ein kreditkartenähnliches Objekt liegen (aber keine richtige Kreditkarte, das wäre zu gefährlich), beispielsweise die Karte Ihrer Stadtbücherei, die des Automobilclubs oder zur Not das Bonusheftchen Ihrer Metzgerei.

- Wirken Sie auch in Ihrer Abwesenheit unberechenbar und wie jemand, dessen Zimmer man mit äußerster Vorsicht betreten sollte! Ihr Kopfkissen sollte von der Putzfrau jeden Tag an einem anderen Ort gefunden werden, damit es aussieht, als würden Sie niemals an der gleichen Stelle schlafen. Es empfiehlt sich die Reihenfolge: Dusche – auf dem Schrank – auf dem Balkon. Und dann wieder von vorne, je nachdem, wie lange Ihr Besuch dauert.

- Lassen Sie vor Ihrer Reise kleine Kärtchen drucken, auf denen steht: »HIER HABEN SIE NICHTS VERLOREN!« Legen Sie ein Kärtchen in sämtliche Schubladen, in Ihren Koffer, auf jeden Wäschestapel, sodass es beim Öffnen sofort ins Auge springt.

Wie man sich im Hotel verhält

In einem Hotel gibt es viele geschriebene, aber noch mehr ungeschriebene Gesetze. Ihr Aufenthalt wird deutlich einfacher, wenn Sie diese kennen:

- Eine Minibar ist nur Deko. Hotels wollen überhaupt nicht, dass Sie etwas daraus verbrauchen, deswegen sind die Preise der kleinen Pulle Prosecco, des Schlucks Bier und der Handvoll Erdnüsse auch angelegt, als wären sie Metalle der Seltenen Erden. Ritualisiert werden Sie beim Auschecken gefragt, ob Sie etwas aus der Minibar genommen haben, und eine jahrhundertealte Tradition verlangt, dass Sie das verneinen. Weichen Sie davon kein Stück ab – Sie würden die Hotelbediensteten nur erzürnen, wenn Sie tatsächlich aus der Minibar konsumieren und bei der Verabschiedung bejahen. Heulen und Zähneklappern wäre die Folge, der Hausmeister müsste das Zimmer exorzieren, bevor es wieder vermietet werden kann.

- Beim Frühstücksbüfett sollten Sie frühzeitig aufkreuzen. Die anderen Gäste stürzen sich wie die Aasgeier auf die frischen und leckeren Sachen, während der abgepackte Billigkram vermodert. Erschwerend kommt hinzu, dass in großen Hotels dauerndes Kommen und Gehen herrscht. Sie sollten versuchen, eine ruhige Ecke zu finden, bei der kein Durchgangsverkehr herrscht und auf dem Ihnen nicht die Morgensonne ins Auge sticht, der aber nah genug am Büfett ist, um vorzuhechten und das frisch zubereitete Rührei abzugreifen, sobald es serviert wird.

- Die Hotelbar ist ein Ort, dem Sie sich nur in einem Zustand äußerster Verzweiflung nähern dürfen. Entweder weil ein Deal geplatzt ist, weil es zu Hause Ärger gibt oder weil die Putzfrau nicht die Allgemeinen Putzbedingungen unterzeichnen will. Man ist sozial verpflichtet, in einer Hotelbar sein Leid zu klagen. »Och, mir geht's eigentlich gut« ist ein Satz, den dort niemand hören will.

Zimmernachbarn

Wie in vielen Lebensbereichen sind die anderen Leute das Kernproblem. Zu viele von ihnen auf engem Raum sorgen automatisch für Ärger. In Ihrer eigenen Wohnung haben Sie vielleicht gute Möglichkeiten, die Nachbarn zu erziehen (nachdem Sie diese ausspioniert und subtil eingeschüchtert haben). In einem Hotel ist das natürlich nicht so leicht. Der Blick durch den Türspion reicht oft nicht aus, um detaillierte Profile über sie aufstellen zu können und Gegenmaßnahmen einzuleiten. Um Frieden vor Ihren temporären Anrainern zu haben, müssen Sie improvisieren und ohne zu zögern zuschlagen.

Ein Störenfried im Hotel ist mit einem bei Ihnen zu Hause identisch. Der Fernseher läuft in voller Lautstärke, weswegen er beim Telefonieren brüllen muss, um diesen zu übertönen, während er zwischen Hotelbett und Bad pendelt und dabei jedes Mal die Tür zuknallt.

Da Sie nicht wissen können, ob Sie diesem Menschen körperlich überlegen sind oder nicht, sollten Sie eine offene Konfrontation nur dann wagen, wenn Sie darüber Gewissheit haben, dass Ihnen keine Gefahr droht:

- Klopfen Sie an die Nachbarstür, und RENNEN Sie um die nächste Ecke. Warten Sie, bis Sie hören, wie die Tür geöffnet wird, dann zählen Sie bis zwei und schlendern Sie lässig zurück. Ihre Zielperson wird mit fragendem Blick im Türrahmen stehen. Nicken Sie freundlich, lächeln Sie – und verinnerlichen Sie jedes Detail über den Quälgeist. Wie groß ist sie/er? Vermutlich wie stark? Guckt sie/er böse? Erwidert sie/er das Lächeln oder nicht?
- Wenn einfach keine Ruhe einkehren will, sollten Sie die Klopfaktion wiederholen, allerdings diesmal, ohne sich dabei zu zeigen. Eilen Sie entweder in Ihr Zimmer zurück oder um die Ecke. Seien Sie dabei leise. Lassen Sie sich nicht erwischen. Jedes Mal, wenn Sie in den Speisesaal gehen oder das Hotel verlassen, können Sie das Ritual wiederholen.
- Wenn die Rezeption einmal nicht besetzt ist, hinterlassen Sie unauffällig eine Notiz: »Bitte um Weckdienst um 5:00 Uhr. Danke!« Schreiben Sie die Zimmernummer des Nachbarn dazu.
- Wenn die Putzfrau Ihres Stockwerks gerade in einem Zimmer zugange ist, hinterlassen Sie auf ihrem Wagen im Flur diese Notiz in krakeliger Handschrift: »Ich weiß, dass ich nicht hätte töten sollen. Ich höre noch seine Stimme. Sie ist hier. Hier in Zimmer ____« –, und ergänzen Sie die Zimmernummer des Nachbarn. Noch bessere Wirkung erreichen Sie, wenn Sie ein paar Tropfen Blut auf das Papier träufeln (ersatzweise Rotwein) und es etwas zerknüllen.
- Hängen Sie von außen ein Schild an den Türgriff: »BITTE NICHT STÖREN! ICH STÖRE SELBST GERADE DAS GANZE HOTEL!«
- Sollten Sie im Flur Zigarettenqualm bemerken, obwohl Sie sich in einem Nichtraucherhotel befinden oder wenigstens

die Zimmer auf Ihrem Flur für Nichtraucher ausgewiesen sind, dürfen Sie das nicht einfach hinnehmen. Fischen Sie ein paar alte Kippen aus dem Mülleimer vor dem Hotel, und verteilen Sie diese großzügig vor der Tür des Rauchers.

Auschecken

Sie sollten das Hotel auf eine Art verlassen, die allen Angestellten im Gedächtnis bleibt. So können Sie sicherstellen, dass Sie bei Ihrem nächsten Einchecken gleich das bestmögliche Zimmer erhalten und Sie nicht wieder Ihre gesamten Erziehungsmaßnahmen durchführen müssen.

Füllen Sie den Fragebogen, der in Ihrem Zimmer liegt, detailliert aus. Nennen Sie alle Angestellten beim Namen, und beschreiben Sie im Detail ihre Leistungen und Verfehlungen. Verfassen Sie eine ausführliche Analyse über Qualität von Matratze und Dusche. Bewerten Sie die Hygieneartikel im Bad auf einer Skala von 1 (stinkt und macht Ausschlag) bis 10 (riecht wie ein Regenbogen im Morgentau). Das Formular wird nicht ausreichen, also besorgen Sie sich weitere Blätter, um alles genau erklären zu können. Heften Sie eine Trinkgeld-Pauschale an, aber listen Sie genau auf, welcher Bedienstete wie viel Prozent davon bekommen soll. Bitten Sie um eine Quittung fürs Finanzamt. Erläutern Sie beim Auschecken ruhig einige der Punkte, damit Sie nicht missverstanden werden. Gehen Sie Ihre Bewertung gemeinsam Punkt für Punkt durch. Man wird es Ihnen danken.

11

Gefährliche Orte

Wenn Sie vor die Tür Ihrer Stube treten, sind Sie ausschließlich von Gefahren umgeben. Nicht direkt für Leib und Leben (das sind Bedrohungen, denen sich ein Stubenhocker immer bewusst ist), sondern den Gefahren sozialer und organisatorischer Natur. Selbst alltägliche Vorgänge geraten an unbekannten Orten zu schier unüberwindlichen Herausforderungen. Auf Reisen kommt man an Orte – absichtlich oder versehentlich –, die man nie und nimmer freiwillig aufsuchen würde. Dann kann es nur ein Ziel geben: so schnell wie möglich wieder wegzukommen.

Die Fußgängerzone

Sie ist eine Ausnahme der Regel, dass Sie da draußen immer auf seltsame und gefährliche Orte stoßen. Die deutsche Fußgängerzone zu erforschen stellt niemanden vor große Herausforderungen. Sie betreten sie, latschen ein Stück entlang – schon kennen Sie alle im Bundesgebiet. Jede Fußgängerzone scheint von der gleichen Person entworfen worden zu sein. Waschbeton überall, immer die gleichen öden Läden, die auch noch in der gleichen öden Anordnung zueinander stehen. Das liegt daran, dass Fußgängerzonen in Deutschland tatsächlich auf das Konto von ein und derselben Person gehen. Der 1945 in Lüdenscheid geborene Ulf Poller hat hinter den Kulissen die Strippen gezogen. Im Schatten der Studentenunruhen von 1968 verfügte er eine amtliche Direktive, dass fortan alle deutschen Fußgängerzonen ihre Besucher nicht überfordern dürfen. Diese geheime Vorgabe hat sich all die Jahre und Jahrzehnte unter den Städteplanern gehalten und darf nicht hinterfragt oder verändert werden. Daher haben Innenstädte hierzulande seitdem die gleichen Geschäfte und die gleiche Gestaltung.

Für Sie als Stubenhocker hat deswegen eine Fußgängerzone durchaus etwas Beruhigendes an sich. Sie werden dort kein Geschäft finden, das Sie noch nie vorher gesehen hätten. Aber eine Fußgängerzone ist trotzdem nicht ohne, denn sie zieht Menschenmassen an. Halten Sie sich von ihr fern zu bestimmten Zeiten: die 6 Wochen vor Weihnachten, die 3 Wochen vor Ostern, an Samstagen, an verkaufsoffenen Sonntagen, zur Mittagszeit, nach Feierabend (also ab 16 Uhr). Wenn Sie wirklich eine Besorgung in einer Fußgängerzone erledigen müssen, dann tun Sie das werktags zwischen 10 und 12. Danach fliehen Sie auf Ihr Sofa.

Die Altstadt

Viele Städte bestehen aus Industriegebieten, in denen man die Uhrzeit am Geruch ablesen kann, aus Wohnblöcken, in denen einige Etagen ausgebrannt sind, aus Vorstädten, in denen quäkende Kinder auf Schaukeln hängen. Solche Städte haben kaum etwas, womit sie für sich werben können. Also tun sie das, was alle machen, die selbst keine Leistung vorzuweisen haben: Sie sind stolz auf ihre Vergangenheit. Irgendwo steht ein altes, relativ gut erhaltenes Haus, das rein zufällig nicht im Zweiten Weltkrieg zerbombt wurde (wahrscheinlich, weil die Stadt als Ziel nicht relevant war). Also wird in der Nähe des Hauses ein Restaurant eröffnet und mit Steuernachlässen eine Drogerie angelockt, in der Hoffnung, dass sich weitere Einzelhändler niederlassen. Bald schon eröffnen eine Bierbar, eine Cocktailbar, eine Trinkhalle, noch eine Trinkhalle, eine Tankstelle, eine Kneipe, ein Getränkemarkt und eine weitere Trinkhalle. Die umliegenden Gebäude, von denen zumindest die Grundmauern noch vor dem Krieg gebaut worden sind, werden unter Denkmalschutz gestellt. Es wird das Poller-Prinzip angewendet und die Ecke zur Fußgängerzone deklariert. Die Region darf ab sofort offiziell »Altstadt« genannt werden. In den Stadtarchiven wird verzweifelt nach Begebenheiten recherchiert, die der Gegend mehr historischen Ballast geben. Bald hängen an jedem zweiten Haus in dieser »Altstadt« grüne Schilder, auf denen beschrieben wird, wie 1765 jener halb berühmte Dichter einmal eine Nacht in diesem Haus verbracht hat (bzw. im Vorgänger des aktuellen Wohnsilos), dass jenes Haus 1888 schon einmal unter mysteriösen Umständen abgefackelt wurde oder dass an dieser Stelle bis 1911 die städtische Jauchegrube stand.

Diejenigen, die in die Altstadt kommen, interessieren sich allerdings nicht für Hinweisschilder, sondern für die unterschiedlichen Möglichkeiten alkoholischer Druckbetankung. In Düsseldorf wurde deswegen sogar die Biersorte nach der Altstadt benannt – es erleichtert den Trinktouristen sowohl den Bestellvorgang als auch die Identifikation mit der Trinkregion ihrer Wahl. Etwas weiter rheinaufwärts war das nicht möglich – bis auf einen Dom gab es dort nach dem Zweiten Weltkrieg nichts mehr, also musste das Bier so genannt werden, wie man die Stadt mit zwei Promille ausspricht.

Die Städte, die tatsächlich noch ganze alte Straßenzüge besitzen, sind angehalten, diese mit modernen Glasfassaden und Stahlkonstruktionen so weit wie möglich zu verbergen, als wäre man von den alten Gebäuden peinlich berührt. Sie wollen so modern wie nur möglich daherkommen, um hippe Start-ups anzulocken.

Die Autobahnraststätte

Eine gute Autobahnraststätte ist eine, die Sie nicht lange von Ihrer Reise abhält. Also ist eine schlechte Autobahnraststätte, von der Sie so schnell wie möglich wieder verschwinden wollen, eine gute Autobahnraststätte.

Viele von ihnen bemühen sich nach Kräften, Ihnen in dieser Hinsicht entgegenzukommen. Sie wirken von außen, als hätten sie schon die Truppen auf dem Weg zur Ostfront verköstigt: dunkler Backstein, flache, fiese Dächer und eine Außenanlage mit dem rustikalen Charme eines Gefängnishofes in Kasachstan. Innen wird es auch nicht besser: Das Essen an der heißen Theke wird angerichtet nach dem Kochbuch »1001 Möglichkeiten, was Sie aus Bratwurst machen können«. Was Sie dann auf Ihrem Teller finden, ist so kalt wie das Herz der Verkäuferin, die Sie im Dialekt der jeweiligen Region runterputzt, wenn Sie sich erdreisten, mit einem großen Schein bezahlen zu wollen. Die Bestuhlung wurde in der örtlichen Grundschule geklaut. Es gibt eine Petition, die Tapete unter Denkmalschutz zu stellen. Die Toilette im Keller ist römischen Ursprungs, wurde damals aber nur verwendet, um die Köpfe der gefangenen Germanen einzulagern, und so riecht es auch heute noch.

So und nicht anders hat eine Autobahnraststätte zu sein. Man verbringt kaum mehr als 15 Minuten dort, um zu tanken, aufs Klo zu gehen, etwas zu essen (wenn es sich nicht vermeiden lässt) und schleunigst wieder abzuhauen.

Gefährlich wird es, wenn Sie auf eine von diesen modernisierten Raststätten geraten.

Große Panoramafenster und ein weitreichender, einladender Spielplatz sollten Sie misstrauisch machen. Die Auswahl an der heißen Theke ist reichhaltig, und das Essen macht den Eindruck, nicht zu spontanen Vergiftungen zu führen. Ein untrügliches Anzeichen sind die Sanitäranlagen. Sehen diese frisch gefliest aus? Werden Sie persönlich begrüßt und bekommen den Weg gewiesen? Werden Sie auf der Toilette mit Vogelgezwitscher, beruhigender Musik und multilingualen Hinweisen genötigt? Ohren zuhalten! Das ist eine subtile Art der Gehirnwäsche, damit Sie länger auf der Raststätte bleiben und noch irgendwelche hässlichen Schlüsselanhänger kaufen, bevor Sie weiterfahren!

Dies ist ein Ort, an dem Sie Gefahr laufen, wertvolle Zeit zu verlieren, die Sie besser auf der Autobahn im Stau zubringen sollten, um wenigstens das Gefühl zu haben, voranzukommen. Lassen Sie sich hier nicht nieder! Entspannen Sie nicht! Die Reise ist noch lange nicht vorüber!

Einkaufszentren

Ob in Deutschland oder im Ausland: Einkaufszentren stehen genau dort, wo sonst nichts los ist. Jenseits des Konsumtempels finden Sie Plattenbauten, stinkende Industrieanlagen oder apathisch starrende Kühe (meistens alles gleichzeitig).

Klassische Einkaufszentren versprühen auch heute noch den Charme des Kubismus: Stramm sind die Geschäfte nebeneinander angeordnet, überall stolpert man über klare Kanten und 90°-Winkel. Hier wird der Einkauf noch ernst genommen, einen solchen Klotz sucht man nicht auf, um Spaß zu haben. Verspielter kommen die neuen Einkaufszentren daher, die teilweise aussehen, als hätten sich Gaudí und Hundertwasser bei einer Zeitreise mit abgelaufenem Absinth zugekübelt. Irgendwer scheint der Meinung zu sein, dass Einkaufen durch so etwas zu einem »Erlebnis« wird, wobei ehrlicherweise ein Überfall am Hauptbahnhof oder ein hysterischer Taxifahrer auch in diese Kategorie fallen.

Als Stubenhocker meiden Sie ein Shoppingzentrum wie der Teufel das Planschbecken. Für Sie gibt es keinen Grund, auf engstem Raum mit Horden anderer Leute einzukaufen. Vielleicht müssen Sie jemanden begleiten? Suchen Sie sich ein abgelegenes Café und halten Sie sich dort an einem Getränk Ihrer Wahl fest, bis Sie wieder gehen können.

Strände

Für Sie als Stubenhocker ist ein Strand so ziemlich das Schlimmste, wo Sie hingeraten können. Brennende Sonnenstrahlen piesacken Sie, vor denen Sie sich nur schützen können, wenn Sie sich eine Fettschicht aus einer eklig riechenden weißen Substanz auftragen – und zwar ÜBERALL! Diese Schicht hat primär die Funktion, als Staubfänger für den überall herumliegenden Sand zu dienen. Die Stunden nach einem Strandtag verbringen Sie damit, die fiesen Körner aus Ihren Körperöffnungen zu pulen, sich abzuduschen und dann die Hotelleitung anzumotzen, dass der Abfluss im Bad schon wieder verstopft ist. Außerdem drängen sich die Menschen an einem Strand wie Ameisen auf Streuselgebäck. Und die meisten von ihnen sind fast nackt (oder nackt) und ziemlich fett (oder fett). Für manche Leute mag es erstrebenswert sein, sich zwischen vielen anderen Unbekleideten eingeölt im Sand zu wälzen, aber Stubenhocker haben andere Vorstellungen von Spaß.

Wenn Sie einen Urlaub mit Strandanschluss verbringen müssen, beispielsweise weil Sie Kinder haben, sollten Sie folgende Regeln beherzigen:

- Sorgen Sie mit Sonnenschirm, Minizelt und genügend Kleidung für Schatten. Wenn Sie es geschickt anstellen, müssen Sie sich nicht einmal mit Sonnenmilch einschmieren.
- Bringen Sie Getränke mit. Am besten eine ganze Kühltruhe. Verteidigen Sie diese mit Ihrem Leben (oder packen Sie ein paar Flaschen Bier extra ein, und verdienen Sie sich damit ein kleines nettes Taschengeld. Ihre Kinder können mithelfen und wären so auch gleich bespaßt).
- Gehen Sie nicht ins Wasser. Erstens haben Haie einen extrem guten Geruchssinn, zweitens sind sie im Bunde mit den Seeigeln. Sobald Sie in einen treten, sind Sie kampf- und bewegungsunfähig, und darauf lauert der Hai nur. Tun Sie diesen Hyänen der Weltmeere nicht den Gefallen, sich ihnen als Opfer darzubieten. Wenn Sie deswegen schräg angeschaut werden, murmeln Sie etwas von Ihrer Salzallergie.
- Bevor Sie Ihre Kinder loslassen, erklären Sie ihnen, dass Sie nichts aus dem Meer mitbringen dürfen, das keine Muschel ist.

Strände sind ein Mikrokosmos der menschlichen Interaktion. Hier werden Kriege ausgefochten, Romanzen begonnen (und beendet), Eis gegessen. Und Sie sind mittendrin. Zum Glück ist es einer der wenigen Orte, an denen Sie sich einfach hinlegen und tot stellen können, ohne dass deswegen gleich der Notarzt gerufen wird (was im Restaurant oder beim Bäcker ja nicht sonderlich zu empfehlen ist). Vermeiden Sie jeden Kontakt zu anderen. Eingeölte, halb nackte Menschen sollten nur aufeinander losgehen, wenn danach einer einen überdimensionierten Gürtel gewinnt. Ab und an wird Ihnen jemand etwas verkaufen wollen. Bieten Sie Ihr durchgeschwitztes Handtuch zum Tausch an. Der Verkäufer wird feilschen wollen. Betonen Sie, dass das hier nicht die Verhandlungen zum Euro-Rettungsschirm sind. So werden Sie ihn ruckzuck los und können sich weiter tot stellen. Wenn die Sonne untergeht, haben Sie alles überstanden und können zur Bar vorrücken.

12

Deutschland:
Ein Schreckensmärchen

Das, was wir heute als Deutschland kennen, lag einmal auf dem Meeresgrund. Nun, nicht genau die Städte und Dörfer, denen Sie im 21. Jahrhundert aus dem Weg gehen sollten (auch wenn diese gelegentlich wirken, als wären sie lange Zeit unter Wasser zersetzt worden). Nein, die eigentliche Scholle, sie ruhte auf dem Grund des Indischen Ozeans. Durch eine Vielzahl von Erdbeben, Vulkanausbrüchen und vorgezogenen Neuwahlen stülpte sich irgendwann unsere Kontinentalplatte um, wanderte quer durch den Nahen Osten und ließ sich irgendwann nieder. Seitdem sprießen hierzulande Wälder, unnütze Adelsgeschlechter und Baumärkte wie Unkraut.

In Deutschland wollte eigentlich niemand wohnen. Damals zogen entweder die Skandinavier nach Süden, wo jeden Tag die Sonne schien, oder die Römer nach Norden, obwohl es dort kalt und langweilig war. Die deutschen Ureinwohner hatten auch ohne die Straßenverkehrsordnung ein Problem mit der Orientierung und bauten sich wenig gebräuchliche Himmelsscheiben. Als die Germanen begannen, erste Ballsportvereine zu gründen, wandten sich die umliegenden Völker mit Grausen von ihnen ab. Sie begannen erfolglos, das Elfmeterschießen zu trainieren und kümmerten sich auch sonst um ihren eigenen Kram. Spätere Königshäuser ließen als Zeitvertreib vom Pöbel einsturzgefährdete Kastelle an schlecht zugänglichen Orten bauen, an die in späteren Jahrhunderten putzige Türmchen angeflanscht wurden, um japanische Touristen anzulocken.

Das Mittelalter war in Deutschland besonders dunkel – und damit ein Vorgeschmack auf die Schrecken der Neuzeit (Zinsbindung, Flatrate-Partys, Helmut Kohl). Kutschen konnten keine zwanzig Meter fahren, ohne dass ein Schlagbaum runterging und Wegegeld verlangt wurde (eine Tradition, deren Pflege sich heutzutage die Deutsche Bahn auf die Fahnen geschrieben hat). Deswegen war es für Nichtreisende ein goldenes Zeitalter – wer es sich leisten konnte, blieb einfach in seiner Burg, größtenteils ungestört, und trank Bier. Nur der Fernsehempfang war aufgrund fehlender Satelliten und Kabelleitungen eher problematisch.

Die damalige Vielländerei war ein Flickenteppich des Wahnsinns. Patriotismus funktionierte auf kommunaler Ebene, die Landesfürsten waren noch ebensolche, statt sich auf Weinfesten als Volksbelustiger oder Anzapfer zu präsentieren. Weil dieses Chaos bei ihm Kopfschmerzen auslöste, kam Napoleon I. rüber und räumte auf. Preußen und Bayern waren mittelfristig davon nicht erbaut, und es kam wieder zu unübersichtlichen Allianzen und Ränken, bis schließlich ein Kaiserschnitt gemacht wurde und eine Art Deutschland geboren war.

Dieses Land überlegte es sich dann anders mit der Monarchie, importierte sich einen schnauzbärtigen Reise-Führer, baute Panzer und erfand den Blitzkrieg, der als Export ein Flop war. Danach gab es Einigkeit und Recht auf Freizeit für die eine Hälfte, während die andere auf den Sonderzug nach Pankow wartete und unfreiwillig zu Stubenhockern wurde. Dann wurde wieder mal ein Zaun gebaut, mit Bewaffneten, quasi ein Jägerzaun. Die einen wählten einen dicken Mann mit Brille, die anderen ließen einen dünnen Mann mit Brille wählen. Der Zaun verlotterte. Dann wucherte zusammen, was zusammengehört.

Regionale Grausamkeiten

Bei so einer Geschichte sollten Sie vorher gut informiert sein, welcher Schrecken Sie im Zielgebiet erwartet, wenn Sie privat oder geschäftlich in Deutschland unterwegs sind. Jede Region bringt individuelle Seltsamkeiten mit sich, jede Stadt konfrontiert Sie unverblümt mit ihren Eigenheiten. Je besser Sie sich geistig auf Ihr Reiseziel einstellen, je mehr Sie über die Besonderheiten vor Ort wissen, desto leichter können Sie sich durchschleusen.

Ein wichtiger allgemeingültiger Tipp ist, sich den Einheimischen anzupassen, aber versuchen Sie gar nicht erst, so zu tun, als wären Sie einer von ihnen (es sei denn, Sie haben eine umfassende Schauspielausbildung genossen – in diesem Fall können Sie die Reise vielleicht sogar von der Steuer absetzen). Nein, verhalten Sie sich den Gegebenheiten entsprechend, aber verhehlen Sie Ihre Identität als Durchreisender nicht. Lassen Sie Ihren Stolz ruhig raushängen, den jeweiligen Ort bald wieder verlassen zu können, während die Einheimischen keine Wahl haben und dortbleiben müssen. Lachen Sie die Ortsansässigen nur nicht aus deswegen, das hat schon zu manchem Angriffskrieg geführt.

Je mehr Sie über eine Region wissen und darüber, wie die Menschen dort ticken, desto besser. Lernen Sie, mit dem Hintergrund zu verschmelzen, in Gesprächen die richtigen Stichwörter zu geben und korrekt auf traditionelle und folkloristische Ereignisse zu reagieren. Für einen Stubenhocker auf Reisen ist nichts schlimmer, als sich unvorbereitet in einer sozialen Situation wiederzufinden, bei der alle wissen, was das erwartete Verhalten ist – nur man selbst steht ahnungslos da. Eine bestimmte Geste ist an dem einen Ort das visuelle Gegenstück eines Jauchzens, anderswo eine Beleidigung.

Friesland

Eine der urigsten Regionen Deutschlands ist Friesland, doch Vorsicht: Es gibt deren zwei, und wie alle germanisch benachbarten Urvölker sind sie bis aufs Blut verfeindet. Das hat natürlich historische Gründe. Der Hamburger Landvogt hatte sich 1534 nicht entscheiden können, ob er seine Sommerresidenz mit Blick auf Borkum oder Pellworm bauen lassen wollte, weswegen es zum blutigen Elbkrieg kam, in dessen Folge die Elbmündung in jahrzehntelanger Plackerei von vier Metern auf die heutige Breite erweitert wurde, um den Sicherheitsabstand zwischen Ost- und Nordfriesen zu gewährleisten.

Im Gemüt unterscheiden sich die Ostfriesen und die Nordfriesen von Grund auf. Während Ostfriesen eher eigenbrötlerisch sind, sind Nordfriesen verschlossen. Reisende werden in Emden geschnitten, in Husum werden sie ignoriert. Beide Metropolen haben gemein, dass sie 78% ihres Haushalts über Parkgebühren finanzieren (den Rest über Schmiergelder der Fischlobby und den Länderfinanzausgleich).

Eine interessante linguistische Entwicklung ist, dass die Friesen nur mit einsilbigen Wörtern kommunizieren können. Ethnologen vermuten, dass dies ein Überbleibsel der Evolution ist und dass die Friesen in grauer Vorzeit telepathisch kommuniziert haben (auch heute tun sie es noch gelegentlich – im Gespräch mit mehreren Friesen werden Sie

schnell feststellen, dass sich diese eine übereinstimmend negative Meinung über Sie bilden konnten, ohne miteinander
auch nur ein Wort gewechselt zu haben). Daher genügen den
Friesen einsilbige Wörter, um gewaltige semantische Inhalte
zu transportieren. Leider hat die Elbtrennung dazu geführt,
dass in beiden Regionen besagte Wörter unterschiedliche Be-
deutungen angenommen haben. Damit Sie in dieser für Außenstehende verwirrenden Sprachlandschaft nicht den Überblick verlieren, finden Sie hier eine Übersicht der wichtigsten
Wörter und den Kontext ihrer Bedeutung:

»Kiek!«
Nordfriesland: »Achtung, hinter dir!«
Ostfriesland: »Die Fähre hat schon abgelegt.«

»Öp!«
Nordfriesland: »Könnten Sie bitte nicht auf dem Radweg spa-
    zieren gehen? Nur weil Sie einen Kinderwagen mit Schei-
    benbremse rumrollen, macht Sie das noch nicht zu einem
    Verkehrsteilnehmer, der gemäß STvO für solche befes-
    tigten Wege zugelassen ist.«
Ostfriesland bei Ebbe: »Nein.«
Ostfriesland bei Flut: »Leider hatte ich nicht genug Material
    für lange Hosen.«

»Mutt!«
Nordfriesland vor 12 Uhr mittags: »Mein Kutter liegt vor
    Anker.«
Nordfriesland nach 12 Uhr mittags: vom Laster gefallener
    Fisch (Nom.)
Ostfriesland, Regen: alternativlos (Adj.)
Ostfriesland, Sonne: Metzgerschürze (Nom.)

»Büll!«
Nordfriesland bei Vollmond: »Ich ziehe es in Erwägung.«
Nordfriesland bei Neumond: entschieden zu großer Fisch
(Nom.)
Ostfriesland, Festland: wie ein Fischstäbchen (Adj.)
Ostfriesland, Inseln: »Ich haue dir nur deswegen keine rein,
weil ich extra dafür aufstehen müsste.«

»Moin!«
Nordfriesland: »Schau mich nicht so an.«
Ostfriesland: »Wir kaufen nichts.«

»Koog!«
Nordfriesland: ertrinken (v.)
Ostfriesland: Rücken einer Frau (Nom.)

»Shiet!«
Nordfriesland: »Ach, das war doch die Gasleitung?«
Ostfriesland: Weißwurst (Nom.)

Das bedeutet, dass Sie in Friesland am einfachsten bestehen,
indem Sie die Klappe halten. Reden Sie so wenig wie möglich, und wenn Sie doch einmal den Mund aufmachen müssen, sollte das Resultat möglichst unverständlich und unver-
bindlich sein.

Harz

Der Harz hält zwei bundesweite Rekorde, und sicher besteht
ein kausaler Zusammenhang zwischen ihnen. Zum einen ist
dies die abergläubischste Gegend Deutschlands, zum anderen die windigste ohne direkten Blick aufs Meer.

Geografisch ist der Harz schwer zu übersehen, selbst wenn

man das möchte. Furunkelhaft ragt er zwischen diversen Autobahnen auf und ist von Wolken schicksalsverhangen (und Nebel). Schon die Urvölker hatten Probleme, eine Arbeitswoche auf dem Harz unfallfrei zu überstehen. Immer wieder verstümmelten sie sich mit ihren Werkzeugen, verschwanden in schlecht ausgeschilderten Stollen oder wurden Opfer eines Ehekrachs. Dies schoben die alten Germanen natürlich ihren Göttern in die Schuhe, vor allem den Ehekrach, was für noch mehr Ehekrach sorgte. So entstanden Sagen über das Unglück, das man im Harz erleiden musste, wenn man sich dort aufhielt, und die Rituale, wie man es vermeiden kann. Mit solchen Ritualen versuchten die Bewohner der Gegend auch, etwas gegen den strammen Wind zu bewirken, der immerzu über die Wipfel pfiff. Noch heute ist dieser heimtückische Wind unberechenbar und ändert Tag für Tag seine Richtung und Intensität, manchmal sogar stündlich.

Natürlich schlägt sich das im Harzbewohner nieder und spiegelt sich in seinem Umgang mit Fremden. Menschen aus anderen Regionen begegnen die Harzer mit generellem Misstrauen und gehen davon aus, dass diese nicht genug Rituale gegen das Unglück, gegen das Schicksal oder für ihre Gottheiten ausgeführt haben. Deswegen sind für die Harzer die Fremden daran schuld, dass sie sich heute Morgen den Finger in der Tür geklemmt haben (bzw. sind sie für den Wind verantwortlich, der die Tür zugeschlagen hat).

Wenn Sie den Harz besuchen, beherrschen Sie also besser alle abergläubischen Rituale. Jeder zweite Handgriff sollte darin bestehen, dass Sie sich bekreuzigen. Das Zeichen gegen den Bösen Blick ist auch gern gesehen und signalisiert Ihrem Gegenüber, dass Sie seine Sorgen ernst nehmen.

Führen Sie immerzu einen Beutel Salz mit sich, um davon eine Prise zu werfen. Wohin und auf welche Art Sie das tun, hängt von der jeweiligen Situation ab. Berechnen Sie aber auf alle Fälle die Windrichtung bei Ihrem Wurf ein.

Situation	Wie die Prise Salz zu werfen ist
Sie verschütten ein Glas Wasser.	Eine Prise Salz über die rechte Schulter.
Sie verschütten ein Glas Milch.	Zwei Prisen Salz über die linke Schulter.
Sie verschütten beim Schlachten einen Eimer Schweineblut.	Bei Vollmond über die linke Schulter eines Schweins.
Jemand deutet mit dem ausgestreckten Finger auf Sie.	Werfen Sie das Salz senkrecht in die Luft. Fangen Sie dann mindestens die Hälfte wieder auf, sonst sterben Sie innerhalb von neun Minuten.
Der Kellner im Restaurant legt die Rechnung hin.	Eine Prise auf den Tisch und die rituellen Worte »Kann die Küche brauchen« sagen.
Sie heben Geld am Automaten ab.	Zwischen den Beinen durch nach hinten.
Sie checken in eine Pension ein.	12 Salzkörner auf den Handrücken, diese ablecken, Tequila nachschütten, in Zitrone beißen.
Sie checken aus einer Pension aus und erhalten die Rechnung.	Bedecken Sie die gesamte Rechnung mit Salz, und sagen Sie: »Die haben Sie nicht ohne den Wirt gemacht.« Klauben Sie das Salz auf, bevor Sie rausgeworfen werden.
Ein Fremder nickt Ihnen auf der Straße zu.	Zwei Prisen Salz über die rechte Schulter, eine über die linke, bei einarmigem Handstand einen Salzkreis malen, *Freude schöner Götterfunken* pfeifen. Dann zurücknicken.

Fußgängerampel schaltet auf Rot, bevor Sie rüberkommen.	Losrennen, schreien und wild Salz nach links und rechts werfen. Den Autos ausweichen.
Bei Sonnenuntergang hält ein Bus neben Ihnen.	Auf der ersten Stufe des Einstiegs etwas Salz verstreuen und den Busfahrer anbrüllen: »Mich bekommst du nicht, Sensenmann!«
Eine Kuh rennt geifernd auf Sie zu.	Halten Sie ihr den Beutel Salz hin, und schließen Sie die Augen. Hoffen Sie.
Ein Mammut rennt geifernd auf Sie zu.	Werfen Sie dem Mammut das Salz ins Gesicht. Verstecken Sie sich hinter dem nächsten Stein.
Ihre Gattin, Freundin/ Ihr Gatte, Freund rennt geifernd auf Sie zu.	Reiben Sie sich mit Salz ein.

Solange Sie keine außergewöhnlichen Dinge tun, die ein Mob als böses Omen interpretieren kann, sind Sie im Harz auf der sicheren Seite. Ansonsten vermeiden Sie jede Art von Witz oder Anspielung, die mit Hartz IV zu tun hat, wenn Sie nicht verprügelt werden möchten.

Ruhrgebiet

Das Ruhrgebiet ist auch bekannt als die schwarze Lunge Deutschlands. Nirgendwo wird nachhaltiger geraucht als hier. Psychologen vermuten, dass die Einwohner so das Verschwinden der Kohleöfen und Schlote sublimieren – oder dass sich ihre Lungen durch jahrelange Prägung an einen gewissen Schadstoffanteil in der Luft gewöhnt haben. Um das zu verifizieren, müsste man einen Bewohner des Ruhrgebiets längere Zeit an einem Luftkurort halten und regelmäßig untersuchen, doch diese Bevölkerungsgruppe akzeptiert es nicht, von Schalke, dem BVB oder anderen Trachtengruppen getrennt zu leben. Wenn das passiert, wird ein Ruhrgebietler erst wütend, dann melancholisch, bald darauf verweigert er die Nahrungsaufnahme, und man hat keine Wahl mehr, als ihn in sein natürliches Habitat zurückzuführen.

Die Menschen des Ruhrgebiets sind für ihre Kumpelhaftigkeit gefürchtet. Evolutionstechnisch ist es ihnen noch nicht gelungen, vom rückgratbrechenden Schlag auf die Schulter zum Handschlag zu wechseln. Vorsicht! Eine ausgestreckte Hand empfinden sie zuweilen als Drohgebärde. Nähern Sie sich einem angeheiterten Ruhrgebietler nur von der Seite, und schlagen Sie ihm auf die Schulter, bevor er Sie fixieren kann. Damit sind Sie ungefragt in sein Rudel aufgenommen, und ein in den Genen festgeschriebener Kodex verlangt, dass der Ruhrgebietler nun Ihnen kumpelhaft auf die Schulter haut und so tut, als wäre er schon ewig mit Ihnen befreundet. Das Kennlernritual ist damit besiegelt.

Wird Ihnen eine Zigarette angeboten, dürfen Sie nicht ablehnen. Im Ruhrgebiet unterscheidet man nicht zwischen Raucher und Nichtraucher, sondern zwischen mit Filter und ohne Filter (wobei Letzteres öfter vorkommt). Wenn Sie sowieso schon rauchen, herzlichen Glückwunsch! Es könnte nicht besser für Sie laufen. Sind Sie ein Gegner des blauen Dunstes, fügen Sie sich trotzdem ohne zu murren in Ihr Schicksal. Üben Sie idealerweise schon vor einer Reise ins Ruhrgebiet die Kunst des Nichtrauchens mit einer Zigarette. Lernen Sie, wie Sie das Rauchen am besten simulieren können, ohne selbst Qualm in die Lunge zu bekommen. Das hat den Vorteil, dass Ihr natürlicher Wohlgeruch schon bald übertüncht ist und die Einwohner des Ruhrgebiets Sie nicht gleich als Fremden wittern können. Gerade im ÖPNV ist das ein nicht zu unterschätzender Vorteil.

An die Sprechweise im Ruhrgebiet werden Sie sich schneller gewöhnen, als Ihnen lieb ist. Flüstern tut niemand, die Kommunikation ist immerzu laut und voluminös. Damit man Sie überhaupt versteht, werden Sie sich automatisch anpassen. Kaufen Sie dann wieder zu Hause Brötchen, sind Ihnen verwunderte Blicke sicher, weil Sie diese Sprechweise noch nicht abgelegt haben. Beim Durchqueren des Ruhrgebiets müssen Sie besonders aufmerksam sein, in welcher Region GENAU Sie sich gerade befinden. Für Sie mag es keinen Unterschied machen, ob die Ruine da draußen Duisburg, Bochum oder Bocholt ist, aber für die Bewohner der jeweiligen Stadt ist das von entscheidender Bedeutung. Eine der beliebteren Selbstmordmethoden im Ruhrgebiet ist, in einer an Essen angrenzenden Stadt nach 22 Uhr in einer Kneipe zu fragen: »Ist das hier eigentlich noch Essen?« (Funktioniert auch mit allen anderen Städten und ist nur halb so brutal, wie mit einem Schalke-Schal nach Dortmund zu fahren.)

Wegen der nikotinverklebten Gehörgänge verstehen die Bewohner des Ruhrgebiets am besten die Wörter, die mit einem harten Auslaut enden, also auf ein »t«:

»Wat?« – Die höfliche Aufforderung, Sie mögen Ihre Aussage noch einmal wiederholen. Am besten etwas lauter. Manchmal auch ein Zeichen von Entrüstung – wenn gleichzeitig eine Bierflasche zertrümmert wird, sollten Sie sich zurückziehen.

»Dat!« – a) Nachdrückliche Bestätigung des Gesagten, gefolgt von dem Verteilen frischer Zigaretten. b) Teleologischer Hinweis, was die betroffene Person haben möchte.

»Schwatt!« – Das Fehlen jeder Farbe, besonders nachts. Wenn das Wort »Gelb« hinterhergeschoben wird, geht es um Fußball, nicht um politische Konstellationen.

»Pott!« – Kurzform von Pottriotismus (Heimatliebe).

Ansonsten sind die Wörter sehr beliebt, die mit einem Vokal enden, zumindest in der Schriftsprache, aber prinzipiell als »ö« ausgesprochen werden:

»Patte« – Sammelbegriff für Geld. Werden Sie gleichzeitig am Kragen gepackt und geschüttelt, handelt es sich um eine Erpressung.

»Matte« – Bezeichnet das Fehlen einer Frisur.

»Maloche« – Ein mythischer Zustand der Beschäftigung, die die Leute im Ruhrgebiet hatten, bevor es Strom gab.

»Pillepalle« – Unumstößliche Grundlage der Wahrnehmung der Welt.

Mecklenburgische Seenplatte

Diese Region wird nicht umsonst »Das Land der tausend Seen genannt«. Die Wasserbehörde verbürgt sich konsequent dafür, dass es tatsächlich tausend Seen sind – keiner mehr, keiner weniger. In Dürreperioden werden Seen, deren Pegel bedenklich absinkt, durch Zuführung von Importwasser auf der erforderlichen Mindesthöhe gehalten. Für Notfälle stehen Bagger bereit, um innerhalb weniger Stunden einen künstlichen Notsee anzulegen. Die Wasserbehörde überfliegt mit ihren Helikoptern immerzu die ganze Seenplatte, kontrolliert die vorgeschriebene Anzahl der Seen und stellt sicher, dass kein Schindluder mit dem Wasser getrieben wird.

Sie werden keine fünf Schritte machen können, ohne ins Wasser zu fallen oder mindestens nasse Füße zu bekommen. Wenn Sie in diese Gegend fahren, sollten Sie sich entsprechend ausrüsten:

- Gummistiefel
- Socken (pro Tag ca. 5 Paare)
- Badehosen
- Kurze Hosen

- Gummihosen
- Wasserdichte Unterhosen
- Kanu
- Schwimmring
- Schnorchel
- Taucherausrüstung (für paranoide Naturen)

Wasser wird Ihnen nicht nur von unten begegnen, sondern auch von oben – in der Form von Regen, für den Mecklenburger 50 verschiedene Begriffe haben. Daher sollten Sie Ihre Ausrüstung erweitern um:

- Regenschirme (verschiedene Größen und Härtegrade)
- Regenmäntel
- Handtücher
- Einen Eimer Reis (nasses Smartphone reinstecken, damit die Feuchtigkeit rausgezogen wird)
- Notzelte
- Den Schnorchel haben Sie schon dabei – drehen Sie ihn bei Dauerregen nach unten.

Der Umgang mit den Menschen in der Mecklenburger Seenplatte ist denkbar einfach. Es gibt kein anderes Thema als das Wetter, die Niederschlagsmenge und die Pegelstände. Auch der eigene Pegel wird sorgsam gepflegt. Eine empfehlenswerte Eröffnung eines Gesprächs mit einem Einheimischen ist: »Na, wie ist die Regentonne gefüllt?« Zur Verabschiedung empfiehlt sich die Floskel: »Gut schütt!«

Sauerland

Das Hochsauerland ist auch bekannt als Deutsch-Texas. Nirgendwo findet man heutzutage mehr Schützenvereine als hier. Die Gründe dafür sind in der Geschichte zu suchen.

Im Mittelalter waren nicht nur die Dörfer des Hochsauerlandes aufs Blut verfeindet, sondern manchmal sogar die einzelnen Straßenzüge untereinander oder gar die Familien selbst. Durchreisende machten einen weiten Bogen ums Hochsauerland, um nicht zwischen die Fronten zu geraten, und die umliegenden Königshäuser, die nach und nach das Gebiet erobert hatten, zogen entweder schnell wieder entnervt ab oder verlegten ihre Verwaltung auf den Postweg.

Irgendwann dämmerte den Sauerländern, dass sie auf dem besten Weg waren, sich auszurotten. Sie suchten daher nach einer Möglichkeit, dies zu verhindern. Die Waffen vollständig ruhen zu lassen war keine Option, dafür waren sie zu sehr mit ihren Mistgabeln, Musketen und Molotow-Cocktails verwachsen. Aber es gelang ihnen die Einigung darauf, dass sie ihre Feindschaften in geordnete Bahnen lenken mussten. Sie versuchten es erst mit Hufeisenwerfen, aber das war ihnen zu harmlos, dann mit Eisstockschießen, aber das ging auf dem Kies nicht so toll, und dann schossen sie auf Bäume. Das war laut, gab gelegentlich Verletzungen und richtete Schaden an – die Hochsauerländer waren begeistert. Sie nannten ihr Treffen »Schützenfest«, und der Gewinner durfte das Hochsauerland fortan regieren. Weil es den Hochsauerländern aber schnell langweilig wurde und sie nicht ein weiteres Jahr warten wollten, bis sie auf dem nächsten Schützenfest ihren neuen Herrscher ermitteln konnten, führten sie kurz darauf wieder eines durch. Und dann noch eines. Das blieb dann bis in die Neuzeit so.

Heutzutage steigt fast jedes Wochenende im Hochsauerland irgendwo Pulverqualm auf. Hatte früher ein Schützenkönig noch echten legislativen Einfluss, ist es heute nur noch ein Ehrenamt, doch deswegen lassen die Sauerländer nicht von ihrer Tradition ab.

Bereisen Sie das Sauerland, sollten Sie davon absehen, die

Bewohner eines Dorfes über die Nachbardörfer zu befragen. Sie könnten alte Wunden aufreißen, und wegen des nächsten Schützenfestes laufen sowieso alle bewaffnet durch die Gegend. Droht die Situation zu eskalieren, fordern Sie den Sauerländer zum Duell auf – an der Schießbude des nächsten Schützenfestes. Lassen Sie ihn gewinnen, und geben Sie ihm einen aus, dann kommen Sie auch wieder unverletzt weg.

Spreewald

Aufgrund einer geologischen Anomalie gibt es in dieser Gegend einen Boden, der fast alle Arten von Lebensmitteln abstößt. Kartoffeln werden nur als schwarze, faustgroße Klumpen aus der Erde gezogen, Erdbeeren verkriechen sich so tief in der Scholle, dass sie nicht mehr gefunden werden, und Sellerie mutiert zu Schilfgras, das schwach erhitzt gern für Giftattentate verwendet wird. Nur ein Gewächs gedeiht im Boden des Spreewalds – und zwar die Gurke. Im Mittelalter waren die Gurken des Spreewalds noch groß wie Kürbisse, doch schädliche Umwelteinflüsse haben die Gurken auf ihre heutige Größe degenerieren lassen.

Wegen seines Gurkenvorkommens war der Spreewald zu jedem Zeitpunkt der Menschheitsgeschichte hart umkämpft. Im legendären Gurkenkrieg stritten sich lange Zeit alle umliegenden Königshäuser um ein besonders fruchtbares Fleckchen Erde. Die Legende besagte, dass nach einer dreitägigen Schlacht im Jahr 1599, als das Blut von Soldaten den Boden getränkt hatte, noch jahrzehntelang eine außergewöhnliche, weil rote Gurke auf dem ehemaligen Schlachtfeld wuchs, die als besondere Delikatesse galt. Die Einheimischen nannten sie ehrfürchtig die »Blutgurke«.

Wenn Sie den Spreewald besuchen, dürfen Sie tun und lassen, was Sie wollen. Nur eines sollten Sie vermeiden – sich kritisch über den Gurkengeschmack in Ihrem Essen zu äußern. Rutscht Ihnen ein despektierlicher Kommentar raus, sollten Sie fliehen, bevor die Einheimischen Ihnen mit ihren Gurkenspießen neue Piercings verpassen. Wenn man Ihnen eine Gurke anbietet, sollten Sie diese dankbar annehmen. Immer. Greifen Sie sie mit beiden Händen, und verbeugen Sie sich dabei kurz. Beißen Sie unverzüglich ein Stück ab, und loben Sie den würzigen Geschmack. Fragen Sie nach der genauen Herkunft der Gurke, und man wird Ihnen die kommende Viertelstunde lang alle Details über die Ahnengalerie dieser speziellen Gurke berichten. Unterbrechen Sie keinesfalls den Monolog, sonst beginnt er von vorne.

Die beliebtesten Gerichte im Spreewald sind:
GURKSCHNITZEL: Panierte Gurke.
GURKGHETTI: Schmal geschnittene Gurke mit Tomatensoße.
GURKSAGNE: Verschiedene Gurkensorten geschichtet, mit Käse überbacken.
GURKBURGER: Ein Brötchen mit einer flachen Riesengurke darin. Zur Garnierung gibt es ein daumennagelgroßes Stückchen Fleisch auf der Gurke.
GURK HAWAII: Gurke mit Ananas und Käse überbacken.
STRAMME GURK: Ausgehöhlte Gurke mit Spiegelei drin.
GURKE: Pur.

Saarland

Das Saarland besteht zu 92% aus Wald, zu 6% aus Gewässern und der Rest aus Siedlungen. Außerdem ist es das Bundesland, in dem bis vor wenigen Jahrzehnten der Straßenbau als sinnlose Investition gesehen wurde, weil man schneller und schöner wandern als mit Autos fahren kann.

Insofern sind die Saarländer die ultimativen Naturschützer des Bundesgebiets. Bei ihnen hat jeder Baum und jeder Busch noch einen eigenen Namen. Obwohl inzwischen der Straßenverkehr im Saarland tatsächlich ausgebaut wurde (um leichter in Luxemburg tanken zu können), sind die Saarländer immer noch naturverbunden und verbringen jede freie Minute wandernd in den Wäldern.

Deswegen herrscht im Forst des Saarlandes großer Betrieb. Hirsche und Rehe haben längst nach Lothringen Reißaus genommen, um in Ruhe grasen zu können, während die Saarländer durch die Wälder stampfen und sich lauthals unterhalten. Patriotische Saarländer haben keine Wahl, als immerzu im Kreis zu laufen, da das Saarland so klein ist. Weltoffene Wanderer führt es wiederum bis in die Pfalz, was die Pfälzer wenig erfreut.

Beim Wandern sind die Saarländer immer schwer bepackt. Auch wenn sie behaupten, dass es ihnen um Bewegung und frische Luft geht, so ist der primäre Zweck des Wanderns, sich einen ordentlichen Hunger anzulatschen. In ihren Rucksäcken schleppen sie Brotzeiten mit sich, von denen ganze Berliner Stadtteile ernährt werden könnten.

Gerade in den Sommermonaten dreht sich das Leben der Saarländer nur um eine Sache: das »Schwenken«. Nennen Sie es in Gegenwart eines Einheimischen niemals »Grillen« – das Erhitzen von Wurstwaren darf in diesen Breiten nur auf einem Schwenkgrill vonstattengehen. Dabei hängt der Grillrost an einer Kette über den Holzkohlen und kann regelmäßig – daher der Name – geschwenkt werden, um die Hitze gleichmäßig zu verteilen. Für den Saarländer ist ein fixierter Rost eine absolute Horrorvorstellung und das genaue Gegenteil seiner Weltanschauung. Vermutlich haben die Saarländer im Mittelalter den Schwenkgrill bei den Hexenverbrennungen erfunden, weil es einfacher war, eine Hexe über dem Feuer abzuseilen, statt jedes Mal einen ganzen Pfahl dabei zu verkokeln. So trägt der Saarländer auf seiner Wanderschaft auch gern einen Mini-Schwenker aus Stahl mit sich, der aus Gewichtsgründen allerdings nur so groß ist, um darauf anderthalb durchschnittliche Bratwürste schwenken zu können. Da aber wirklich JEDER Saarländer immerzu schwenkt und wandert und beim Wandern schwenkt, steigen in den Sommermonaten rund um die Uhr Kohledämpfe auf, weswegen die Straßenverkehrsordnung im Saarland ganztägig den Einsatz von Nebelscheinwerfern vorschreibt.

Im Saarland sollten Sie immer mit Grillgut unterwegs sein. Es ersetzt die Visitenkarte. Mit einem frischen Steak können Sie richtig Eindruck schinden.

Häuserschluchten des Grauens: Deutschlands schlimmste Städte

Ah, Städte. Die Höhepunkte der menschlichen Zivilisation. Nirgendwo vibriert das Leben so sehr wie in der Großstadt, nirgendwo treffen Kulturen und Kultur so beeindruckend zusammen, nirgendwo sonst vereinen sich Lebensfreude und Nachtleben derart.

Brauchen Sie noch mehr Argumente, warum Sie Städte prinzipiell umfahren sollen?

Städte sind der geballte Wahnsinn auf engstem Raum. Nur in seinem Kleiderschrank ist man in einer Stadt wirklich alleine, und dort finden es sogar erfahrene Stubenhocker etwas beengt. Natürlich haben Städte den Vorteil, dass man idealerweise eine perfekte Infrastruktur direkt vor der Tür hat. Dann kann man seine Stube, wie weiter vorne beschrieben, wunderbar in den Mittelpunkt seines Lebens setzen. Problematisch wird es aber, wenn ein Stubenhocker in eine andere Stadt zieht, deren Mentalität er noch nicht kennt, oder man zu Besuch ist. Dann muss man umfangreiche Recherche betreiben, welcher Stadtteil welchen Ruf hat, ob dieser in der Realität wirklich stimmt, wo welche Mietpreise verlangt werden, wie der ÖPNV ausgebaut ist, wo die meisten Gewaltverbrechen begangen werden (und welche, und warum).

Selbst in schlimmen Städten können Sie Glück haben und in einer brauchbaren Ecke landen, und auch in Städten mit gutem Ruf kann Sie das Pech ereilen. Aus diesem Grund sollten Sie immer wissen, worauf Sie sich bei einer Stadt einlassen.

Berlin

Berlin wurde 1187 von marodierenden Horden gegründet, und die wohnen auch heute noch dort. Ursprünglich war Berlin ein einziges Sumpfgebiet, das man nur auf Stelzen durchqueren konnte. Daraus ist die Tradition entstanden, dass ein echter Berliner niemals saubere Füße oder Schuhe hat. In der S-Bahn erkennen Sie daran die traditionsbewussten und konservativen Hauptstädter. Jahrhundertelang war das Kaff an der Spree nicht der Rede wert, doch 1587 beschloss der damalige Bürgermeister, dass Berlin zu einem Hauptumschlagplatz der Region Brandenburg werden musste. Er veranlasste den Bau eines Großpferdehofs. Täglich sollten hier Tausende Pferde abgefertigt werden, um die Waren in alle Teile von Brandenburg zu bringen. Allerdings explodierten bald die Kosten und mangelhafte Planung führte dazu, dass die meisten Pferde im Sumpf stecken blieben. Auch heute noch muss man im Volkspark Friedrichshain nicht lange buddeln, bis man auf Pferdeknochen stößt.

Berlin hätte in der Bedeutungslosigkeit versinken können

wie Ponyhufe im Matsch, doch die große Waschbärenplage von Brandenburg im späten 18. Jahrhundert sorgte für Landflucht und großen Zuwachs im Stadtgebiet, das im Angesicht der Krise umzäunt wurde, um Schutz vor den Waschbären zu bieten. Ethnologen glauben, dass dies die Grundlage für die Vorliebe der Berliner für Mauern war.

Die »Berliner Schnauze« ist ein komplexes Gebilde aus Sprechweise und Geisteshaltung. Man erkennt sie leicht daran, dass ein echter Berliner immer so klingt, als würde er seinen Gesprächspartner runterputzen. Und das tut er in den meisten Fällen wirklich, doch anders als andere Bevölkerungsgruppen gibt er sich keine Mühe, das zu verheimlichen. Damit man ihn auch als Berliner erkennt, hängt er ein halb gebelltes »Wa?« an jeden seiner Sätze an. Imitieren Sie ihn nicht. Das nimmt er Ihnen übel.

Die Geisteshaltung, die damit einhergeht, ist der Spiegel der Sprechweise. Ein Berliner ist rund um die Uhr empört und macht daraus keinen Hehl. Er sucht nicht den Grund für die Schlechtigkeit der Welt, er ist überzeugt, dass die Welt selbst daran schuld ist, weswegen er kein Mitleid empfindet, sondern sich lieber über die Welt im Allgemeinen aufregt. Das hat dazu geführt, dass ein Berliner psychisch nicht in der Lage ist, etwas zu loben. An allem lässt sich etwas Schlechtes entdecken.

Aus diesem Grund wurde Berlin als Regierungssitz und Hauptstadt für das deutsche Volk auserkoren.

Die »Berliner Luft« ist weniger kompliziert.

Sie ist schlecht.

Wer Berlin besucht, braucht keine großen Pläne zu machen. Sobald man die Stadt betritt, wird man unweigerlich mit den

Touristenströmen mitgerissen und landet bei den typischen Attraktionen: ein Tor, das ohne echten Sinn in der Landschaft rumsteht, eine halbe Kirche, ein Bratwurstverkäufer unter einem Funkturm, wie man ihn überall in der Republik aufragen sieht. Sie brauchen auch nicht zu planen, mit dem ÖPNV zu bestimmten Stellen in der Stadt kommen zu wollen. Dieser ist entweder kaputt oder überfüllt. Nur im äußersten Notfall sollten Sie versuchen, auf ein Taxi auszuweichen (siehe »Berliner Schnauze« oben). Wenn Sie in Berlin zu Gast sind, lassen Sie sich am besten einfach treiben. Sie landen zwangsläufig da, wo Sie nicht hinwollten. Früher oder später wird die Polizei Sie auflesen und in Ihr Hotel oder zurück zum Bahnhof oder dem Flughafen bringen.

Sprechen Sie in der Gegenwart eines Berliners niemals seiner Stadt den Metropolen-Status ab. Sie könnten genauso gut ohne Hose rumlaufen – einige würden sich peinlich berührt abwenden, andere würden Ihnen ungefragt die Fresse polieren. Die Berliner sind derart stolz darauf, dass Berlin als Weltstadt gilt, dass sie diesen Status als Alleinstellungsmerkmal beanspruchen. Sie können sich inzwischen gar nicht mehr vorstellen, dass jemand irgendwo sonst leben will, und sind verwirrt, wenn sie im TV sehen, dass es Leben jenseits von Brandenburg gibt. Für sie ist ein Ort, den man nicht als Tagesausflug erreichen kann, nicht existent. Sätze wie »Och, in Hamburg oder München lebt sich's auch nicht schlecht« sollten Sie niemals von sich geben, solange Sie in Berlin unterwegs sind. Mindestens lösen Sie damit Unverständnis aus, schlimmstenfalls einen langen Sermon, warum Berlin die einzig lebenswerte Stadt unter der Sonne ist.

Tabu ist es auch, sich über Start-ups lustig zu machen. Mehrmals täglich werden Ihnen verschiedene Berliner etwas von ihrer einmaligen Geschäftsidee erzählen. Wenn Sie lange Hosen tragen, wird der Berliner Sie für einen möglichen Investor halten und einen lustigen Spagat versuchen, Sie für seine Idee zu begeistern, wie man beispielsweise genmanipulierte Gewürznelken weltweit übers Internet verkaufen kann, ohne diesen einen genialen Twist zu verraten, der seine Idee so unglaublich originell macht. Sobald der Berliner allerdings merkt, dass Sie kein Geld über haben, verliert er sein Interesse und verlegt sich auf »Berliner Schnauze« (die Welt ist schlecht etc.).

Ein Satz, den Sie gefahrlos anbringen können, ist: »In Berlin habe ich schon nicht gewohnt, als es noch uncool war.« Bis der Berliner ihn verstanden hat, sind Sie schon längst wieder aus dieser verrückten Stadt verschwunden.

Hamburg

Diese Siedlung war 976 von Wikingern gegründet, aber von diesen bald darauf verlassen worden, weil ihnen das Wasser zu warm war. Weil die Hamburger wenig mit sich anzufangen wussten, verlegten sie sich auf Fischfang. Daraus entstand logischerweise der Hafen, der dank seiner günstigen Anbindung an den Atlantik im Mittelalter zu einem beliebten Umschlagplatz für Fischbrötchen wurde. Nach dem Elbkrieg (siehe Abschnitt »Friesland«) begannen die Hamburger, den Hafen zu vergrößern, um riesige Fischkutter anlegen zu lassen. Das schlug sich im Bruttosozialprodukt nieder, und die Hamburger erfanden hochnäsigen Adel mit Fischgeruch – den Hanseaten, der sich bis heute dort herumtreibt. Diesen zeichnet aus, dass er Zeug in alle Welt verschifft, das keiner braucht, während er seinerseits Waren einkauft, die niemand will, aber billig in Fernost hergestellt wurden. In Hamburg werden Geschäfte noch mit einem Handschlag besiegelt, aber manchmal schlägt der Geschäftspartner zurück.

Die Freie und Hansestadt blickt auf eine stolze Geschichte zurück, die primär aus Bränden, Bomben und Musicals besteht.

Der Hamburger spricht nicht, er »schnackt«. Im »Schnacken« werden all die Wörter gebraucht, für die ein durchschnittlicher Friese mit seinen einsilbigen Begriffen keinen Bedarf hat. Hamburger sind für Außenstehende schwer zum Schweigen zu bringen. Finden sich mehrere Hamburger zusammen, reden sie prinzipiell gleichzeitig und überschneiden sich. Hamburger sind die Einzigen im Bundesgebiet, die gleichzeitig senden und empfangen können. Die ISDN-Technologie kann nur ein Hamburger erfunden haben.

Weil Hamburger einmal ein stolzes Seemannsvolk waren, dem auch eine Sturmflut kein Wässerchen trüben konnte, leiden sie darunter, dass sie inzwischen zu Landratten degeneriert sind. Sie sehen dauernd die riesigen Container- und Kreuzfahrtschiffe (deren Flair sich an Bord nur im Hinblick auf die ausgelegten Teppichböden unterscheidet) und leben im ständigen Bewusstsein, dass sie in alle Ecken der Welt segeln könnten. Aber das tun sie natürlich nie. Der Hafen hat für den durchschnittlichen Hamburger nur noch den Zweck, als Kulisse für den Hafengeburtstag zu dienen, wo man tagsüber Eis isst und nachts seinen Kummer ersäuft. Aus dieser Verzweiflung heraus ist auch zu erklären, warum die Elbphilharmonie gebaut wurde, die ganz bewusst wie ein gekentertes Containerschiff aussieht und die damit die untergegangenen Reisehoffnungen besingen soll – etwas, das Stubenhocker nur unterstützten können.

Wer sich in der Hansestadt aufhält, ist verpflichtet, jeden Tag ein Fischbrötchen zu essen. Daher ist der Fischausweis immer mitzuführen, wenn man in Hamburg unterwegs ist. Das Ordnungsamt führt Stichproben durch, ob für jeden Kalendertag ein Stempel im Fischausweis ist. Wenn das nicht der Fall ist, wird man verwarnt und muss sich zur nächsten Fischbrötchenverkaufsstelle begeben (ist in Hamburg nie weiter weg als 50 Meter), um den ordnungsgemäßen Verzehr nachzuholen. Der Preis des täglichen Fischbrötchens kann aber auf die Kurtaxe angerechnet werden.

Vermeiden Sie auf alle Fälle eine Hafenrundfahrt. Sie können schon mal nicht sicher sein, ob Sie auf diese Weise nicht shanghait werden und auf einem Containerschiff landen, das Duschvorhangringe nach Reykjavík transportiert. Schauen Sie sich die Kapitäne der Schiffe nur einmal an, die solche Hafenrundfahrten machen – die sehen nicht aus, als wären sie damit zufrieden, jeden Tag eine Runde durch die Seitengassen der Elbe zu fahren.

München

An keinem anderen Ort in Deutschland ist es teurer, zur Miete zu wohnen oder ein Appartement oder Haus zu kaufen, und das war schon immer so. Bereits die Kelten hatten Probleme, eine bezahlbare Wohnung mit guter Verkehrsanbindung zu finden, ohne dass sie gleich ins Gebiet der Säbelzahntiger – also das heutige Fürstenfeldbruck – ziehen mussten. Eine wohnliche Höhle, die nicht zu muffig war, hatte ganze Schlangen von Bewerbern (und gelegentlich auch Bewerber mit Schlangen).

Berühmt und erst richtig zu München wurde die Stadt im Mittelalter durch den Bau der Isarbrücke. Der Job als Brückenwärter war heiß begehrt, weil neben der Maut wie bei der Wohnungssuche viel Bestechungsgeld floss.

Heute kann selbst der Besitzer einer Abstellkammer in der Isarvorstadt ein gesichertes Leben führen, indem er den Raum vermietet und von dem Geld weit außerhalb wohnt. Es bleibt genug über, um sich regelmäßig Weißbier kaufen zu können, was für den durchschnittlichen Münchner an Lebenszielen genug ist.

Vermieter in München sind Nachfahren der Raubritter, nur dass sie nicht mehr plündernd und brandschatzend durch die Lande ziehen, sondern sesshaft geworden sind. Ihr Auswahlverfahren bei Mietern haben sie bei der Spanischen Inquisition abgeschaut und optimiert (angeblich hat der CIA einige Teile seines Modus Operandi für seine Verhöre lizenziert). In der peinlichen Befragung wird der gesamte Hintergrund eines Bewerbers durchleuchtet. Durch den Einsatz von Gänsefedern, Schraubzwingen und den Hits der 80, 90er und dem Besten von heute ist es dem Bewerber nicht möglich, auch nur das kleinste Detail zu verheimlichen. Die Vorlage von Lebenslauf, Gehaltsbescheinigung, Bluttest, Fahrerlaubnis, Stammbuch, Lebensversicherungen, Hausratversicherungen, medizinischer Bestätigung der Tierhaar- und Kinderallergie, Mitgliedsbescheinigung des FC Bayern oder 1860 (je nach Stadtteil, Straßenzug und der religiösen Ausrichtung des Vermieters) sowie die Hinterlegung einer Kaution von 8 Monatsmieten, einer Genprobe und einer Option auf das Erstgeborene werden verlangt (ist dieses schon dem Kindesalter entwachsen, ist ersatzweise ein gut erhaltener Ferrari auszuhändigen). Wenn Sie also in München leben wollen müssen, sollten Sie frühzeitig dafür sorgen, dass Sie all diese Bedingungen erfüllen. Durchlaufen Sie eine vollständige Schulausbildung, schließen Sie sich der richtigen Religion an, waschen Sie sich regelmäßig, und suchen Sie sich einen Beruf, der hoch angesehen ist und eine Menge Schotter einbringt. Ist einer dieser Faktoren nicht erfüllt, haben Sie keine Wahl, als nach Berlin zu ziehen.

Aber glauben Sie nicht dem Klischee, dass die bayerische Hauptstadt großen Wert auf Folklore legt. Nein, inzwischen ist München so modern geworden, dass es seinen ursprünglichen Hang zum Volkstümlichen komplett abgelegt hat. Alles, was Sie mit Bayern in Verbindung bringen, ist nur noch ein Trick, mit dem Touristen besänftigt werden. Wenn Sie in München jemanden sehen, der wie ein echter Bayer aussieht (Lederhosen, Gamsbart am Hut, Vollbart am Kinn, Weißbier trinkend), dann handelt es sich dabei um einen von der Stadtverwaltung bezahlten Schauspieler. Die meisten von ihnen stammen gar nicht aus Bayern und haben in einem sechsmonatigen Abendkurs den gutturalen bayerischen Dialekt gelernt. Sie sind angehalten, mit Touristengruppen zu posieren, schweigend im Biergarten zu sitzen oder Selbstgespräche führend in der Fußgängerzone auf und ab zu laufen. Redet man mit ihnen, bleiben sie vollständig in ihrer Rolle, schimpfen über die Preußen und murmeln etwas vom Herrgott.

Die echten Münchner haben inzwischen normale Berufe erlernt, sitzen in der S-Bahn oder im Büro, und haben abends noch einen Zweitberuf als Heizungsinstallateur oder Hundefriseur, um die Miete zahlen zu können.

Sollten Sie es aus anderen Städten gewohnt sein, dass die Fluchtwege leicht zu erreichen sind, müssen Sie als Flugreisender in München umdenken. Der Flughafen von München ist derart abgelegen, dass er auch als Flughafen von Ingolstadt durchgehen könnte. Die Anfahrt dorthin ist schon so aufwändig, dass sie als eigene Reise gilt, und sollte bei einer Fernreise als relevanter Teil eingeplant werden.

Stellen Sie sich vor, dass eine Stadt abgeriegelt wird und die Menschen sich auf engstem Raum drängeln. Jede Art von Moral und Kultur wird vergessen, Hygiene gehört der Vergangenheit an. Es werden am laufenden Meter Verbrechen gegen die Menschlichkeit vollführt, es gibt immer wieder Gewaltausbrüche, und die Ordnungsmacht ist hilflos im Angesicht der Massen.

Das ist kein Ereignis aus dem Zweiten Weltkrieg, sondern das alljährliche Oktoberfest.

Stubenhocker sind nicht unbedingt darauf aus, auf U-Bahn-Gleise geschubst oder von Starkbiergeschädigten angepöbelt zu werden, daher meiden Sie dieses sogenannte Volksfest weiträumig. Zumal während der Feierlichkeiten die gewohnten Währungen nicht gelten – es wird nicht mehr in Euro umgerechnet, sondern in »Maß Bier«, und alljährlich wird ein Ritual aufgeführt, in dem man sich über deren Preis zu echauffieren hat. Auch das überlassen Stubenhocker den anderen.

Frankfurt

Durch die Geschichte der Mainmetropole zieht sich ein zentrales Motiv: Frankfurt ist die Stadt, die bei allem zu kurz gekommen ist und immer noch nicht den Platz in der Weltgeschichte eingenommen hat, der ihr rechtmäßig zusteht – außer in den Köpfen der Frankfurter selbst.

Das begann schon mit der Stadtgründung. Diese fand nicht etwa statt, weil sich dort so ein lauschiges Plätzchen befand oder weil der Boden besonders gut für die Petunienzucht geeignet wäre, nein, es gab genau eine felsige Stelle, an der man den Main überqueren konnte, ohne spontan zu ertrinken. Damit war die Grundlage für die Geisteshaltung dieser Stadt gefunden: Wer in Frankfurt ist, sucht nach Möglichkeiten, möglichst unauffällig wieder verschwinden zu können. Kein Wunder, dass wenige Jahrhunderte später dort einer der weltweit wichtigsten Flughäfen gebaut wurde, der inzwischen in der Kommunalverwaltung als eigener Stadtteil behandelt wird.

Frankfurt war im Besitz der verschiedensten Völker und Königshäuser. Es etablierte sich als erste Anlaufstelle für Königswahlen – eine Veranstaltung, die damals als »Heiliges Römisches Reich deutscher Nationen sucht den Superstar« bekannt wurde und auf den Wochenmärkten in Sachsenhausen das Thema Nummer eins unter der Bevölkerung war. Die gewählten Könige allerdings nutzten die erste Gelegenheit, die sich ihnen bot, um aus der Stadt zu fliehen, bevor ihre Kontrahenten sie mit Apfelwein vergifteten. Ihr Königshaus wollten sie dann doch anderswo haben als im Gallusviertel.

Wieder stritt man sich um Frankfurt. Mal machten sich die Preußen breit, mal die Österreicher, mal die Wiesbadener.

Nach dem Zweiten Weltkrieg bot sich für Frankfurt die Chance zum Neuanfang. Die Stadt begann, ihre Minderwertigkeitskomplexe in städtebauliche Maßnahmen zu kanalisieren. Diese stolze Tradition lebt heute im Bau von Bankenphalli fort. Auch bei der Wahl zur Bundeshauptstadt ging Frankfurt leer aus und landete hinter Bonn, einem mythischen Ort der Kakaoplantagen und des Samba (zumindest in der Wahrnehmung von Konrad Adenauer).

Die Geschichte der Stadt hat sich im Gemüt der Frankfurter niedergeschlagen. Und weil es die einzige relevante Stadt in Hessen ist, strahlt das sogar ins restliche Gebiet des Landes ab. Der Hesse ist immer der Meinung, dass ihm übel mitgespielt wird und dass er dagegen machtlos ist. Entsprechend klingt das Frankfurterische in fremden Ohren – wie jemand, der es schafft, 50% zu jammern und gleichzeitig 50% auf die Welt zu schimpfen, selbst wenn er nur Brötchen bestellt. In dieser Hinsicht sind Frankfurter die Geistesverwandten der Berliner, nur dass die Frankfurter sich dabei nicht auf einen imaginären Weltstadt-Status berufen. Auswärtige erkennt der Frankfurter daran, dass ein Grundoptimismus in deren Stimme mitschwingt, was sie für Frankfurter gleich verdächtig macht. Möchten Sie selbst in der Stadt untertauchen und wie ein Frankfurter sprechen, sollten Sie sich Halsschmerzen zulegen, ein Depressivum einwerfen und beim Sprechen die Lippen niemals weiter als 1 Zentimeter öffnen. Wollen Sie in Frankfurt leben, sollten Sie sich von einem guten Psychiater begleiten lassen (es sei denn, Sie arbeiten in einer der Banken, da ist das automatisch Teil der Vergütung).

Sind Sie tatsächlich in Frankfurt gestrandet, empfehlen sich Kohletabletten. Denn alles, was Sie bestellen, wird mit »Grüner Soße« garniert. Traditionell sind es Eier und Kartoffeln, die mit dieser radioaktiv leuchtenden Pampe überzogen sind, doch der Trend geht neuerdings dahin, auch andere Gerichte damit zu pimpen. ALLE anderen Gerichte. Inzwischen hat man an der Hauptwache schon Bratwurst mit Grüner Soße und in Sachsenhausen Döner mit Grüner Soße entdeckt. Eine Salamipizza mit Grüner statt Tomatensoße ist noch im experimentellen Stadium (vermutlich in einem vergessenen Geheimlabor auf einem verlassenen US-Stützpunkt und ohne das Wissen der Bundesregierung). Es dürfte nur eine Frage der Zeit sein, bis eine Burgerbräterkette den Green Cheeseburger auf den Markt bringt (in der Kinderpackung mit einem kleinen Plastik-Goethe, der Furzgeräusche von sich gibt). Ähnlich verhält es sich übrigens mit »Handkäs mit Musik«, der im Ersten Weltkrieg zur chemischen Kriegsführung verwendet wurde. Viele alliierte Soldaten sind seinen Ausdünstungen zum Opfer gefallen.

Weil die Frankfurter aufgrund ihrer Geschichte immer noch an Minderwertigkeitskomplexen leiden, suchen sie nach einem Ventil dafür. Spielt die Eintracht nicht gerade in der zweiten Liga, lassen sie ihren Frust an Offenbach aus. Die Nachbarstadt verbindet – wie jede deutsche Nachbarstadt mit einer anderen – einen abgrundtiefen Hass mit Frankfurt. Braucht ein Offenbacher neue Reifen, parkt er in bestimmten Stadtteilen Frankfurts und kann am nächsten Tag die zerstochenen Reifen der Versicherung melden. Sind Ihnen Leib und Leben wichtig, sollten Sie vermeiden, sich in Frankfurt wie ein Offenbacher zu verhalten. Wenn man eine Ihrer Handlungen oder Haltungen als offenbächerisch deutet, sagen Sie schnell: »Nix schmeckt ohne Grüne Soße, gell?« Das wird den Frankfurter so heftig und anhaltend nicken lassen, dass Sie sich schnell entfernen können.

Köln

Der Legende nach war dort, wo Köln heute steht, ein Römer von einem Herzinfarkt niedergestreckt worden (also von Jupiter, wie man damals dachte), als er gerade eine Kutschladung Cervisia transportierte. Das Bier vergammelte in seinen Fässern, und bald trat ein furchtbarer Gestank aus. Andere Römer kamen und sahen dies als göttliches Zeichen, dass ihnen auferlegt sei, an dieser Stelle eine Stadt zu gründen, die die Heimat einer ganz neuen Art von Cervisia sein sollte.

In den folgenden Jahrhunderten wurde Köln unter allen Durstigen bekannt, und es herrschte ein gewaltiger Zuzug. Die Stadtherren experimentierten mit den außergewöhnlichsten Zutaten, um bislang unbekannte Bierarten zu erfinden. Es gab Freiwillige in großer Zahl, die sich an den öffentlichen Verköstigungen erfreuten (an dieser Stelle steht heute das Messegelände). Selbst die vielen Vergiftungen hielten niemanden davon ab.

Die Jahrhunderte der Bierverköstigung haben die Gene der Kölner verändert und diese zu einer Spielart der menschlichen Gattung werden lassen, dem *Homo Colonia*. Genetisch ist diese evolutionstechnische Variante fast deckungsgleich mit dem *Homo sapiens,* allerdings ist seine DNA um das sogenannte Kölsch-Gen erweitert. Dieses sorgt dafür, dass der *Homo Colonia* immerzu gute Laune hat, schunkeln möchte und jeden Fremden als seinen neuen besten Freund betrachtet.

Weil das Bier, das in Köln schließlich entwickelt wurde, einen derart eigenen Geschmack hatte, dass nur die Einheimischen mit dem Colonia-Gen es verzehren konnten, ohne von Magenschmerzen niedergestreckt zu werden, durfte es nur in besonders kleinen Dosierungen ausgegeben werden. Im 18. Jahrhundert wurde die korrosive Flüssigkeit weiter verdünnt, sodass immerhin der Konsum von 0,1 l dieses Getränks möglich wurde, ohne danach seine Eingeweide vom Boden aufklauben zu müssen.

In seiner Langform haben die Einwohner das Getränk »Göttertrunk aus dem Heiligen Köln« getauft, doch schon nach dem ersten Glas ist die Zunge so taub, dass daraus nur ein »Mnnmnmnmnmnmnm Kölsch« wird. Und dieser Name hat sich eingebürgert.

Kölner halten es nicht lange aus, allein zu sein, und sie können es auch nicht mitansehen, wenn ein anderer alleine ist. Fällt ihnen eine solche Situation ins Auge, rotten sie sich sofort zusammen, fragen die Person aus, bestellen Kölsch und singen Lieder über Köln, in denen es um den unbeweglichen Dom geht. Wenn Sie in die Verlegenheit kommen, in Köln in ein Restaurant gehen zu müssen, sollten Sie also niemals als Erster dort ankommen. Bevor die Leute da sind, mit denen Sie sich treffen wollen, haben Sie sich auf Betreiben der anwesenden Kölner schon betrinken müssen und tragen eine rote Pappnase im Gesicht – schlimmstenfalls sind Sie bereits in eines der Brauhäuser entführt oder von einem Kölner in sein Gästezimmer einquartiert worden.

Die milde Variante ist, dass ein Kölner sich mit Ihnen verbrüdert. Ob Sie einfach nur auf einer Parkbank sitzen, in der Schlange des Supermarktes stehen oder in einer Kneipe herumlungern – es wird jemand zu Ihnen kommen, seine Lebensgeschichte erzählen und Ihnen die Ihre aus der Nase ziehen wollen. Pochen Sie auf Ihre Rechte, und verweigern Sie die Aussage. Erwähnen Sie die Tabellensituation des 1. FC Köln, um den Kölner auf den Boden der Tatsachen zurückzuholen. Geben Sie vor, aus exotischen Mittelmeerländern oder Skandinavien (je nach Teint) zu stammen, und tun Sie so, als würden Sie nichts verstehen.

Innerdeutsche Reisetipps für Stubenhocker

Wenn Sie bei einer Reise, einem Ausflug oder einer Dienstfahrt beeinflussen können, wohin es geht, dann zögern Sie nicht. Tun Sie es einfach. Es gibt Orte in Deutschland, an denen Sie es als Stubenhocker besser aushalten als an den meisten anderen. Das sind Plätze, an denen Sie entweder nicht endlosen Reizen ausgesetzt sind oder wo es Oasen der Ruhe gibt. Hier sind einige Beispiele:

- Berlin-Müggelheim: Wenn Sie schon in die Bundeshauptstadt müssen, können Sie sich hierhin zurückziehen. Müggelheim ist von schützenden Seen umgeben und besteht überwiegend aus alten Scheunen.

- Mannheim: In dieser Stadt werden Sie nie von irgendwelchen Leuten angesungen. Wer es wagt, öffentlich zu singen, wird sofort für ein Talent gehalten, in einer Akademie interniert und ausgebildet. Besonders männliche Jugendliche sind gefährdet, also die Söhne der Stadt. Gut für Sie, solange Sie nicht singen.

- Kettwig: Für Rhein-Ruhr-Reisende eine gute Basis. Die einzigen Attraktionen sind alte Häuser, weswegen sich kaum jemand dorthin verirrt. Aber sowohl Ruhrgebiet als auch Rheinland sind nicht weit und durch eine gute Autobahn-Anbindung können Sie schnell von dort fliehen.

- Bottrop-Kirchhellen: Für die einen ist es Deutsch-Hollywood, für die anderen die Brezelhauptstadt. Wenn Sie sich intensiver mit der Kulturgeschichte der Brezel befassen wollen, sollten Sie in dieser Stadt Ihre Zelte aufschlagen.

- Wetzlar: Die mittelhessische Stadt besitzt einen halben Dom. Diese Bescheidenheit zieht sich durch die ganze Stadt und kommt der Stubenhocker-Gesinnung mehr als entgegen.

- Der Untersberg in den Berchtesgadener Alpen: Wenn Sie sich mal WIRKLICH zurückziehen wollen, finden Sie hier die »Riesending-Schachthöhle« – eine große, tiefe und lange Höhle. Anders gesagt: tatsächlich ein Riesending.

- Lubmin/Ostsee: Wenn Sie gern ans Meer möchten und Ruhe suchen, fahren Sie hierhin. Die einzigen Attraktionen sind ein stillgelegtes Atomkraftwerk und ein Minigolfplatz.

- Blauort/Nordsee: Ein unbewohnter Hochsand, der nicht als Insel, ja nicht mal als Hallig durchgeht. Wandern Sie bei Ebbe dorthin, und nehmen Sie genug zu essen mit. Eventuelle Wattwanderer, die Ihre Ruhe stören, können Sie mit einem Bärenkostüm verscheuchen.

- Gernsbach: Viele Dinge sprechen für diesen Ort im Schwarzwald – die Nähe zur Natur, die harmlose Industrie (Papier und Pappe) und das Wort »Auspendlerüberschuss«, was bedeutet, dass es tagsüber kaum jemanden dort hält. Sprich: Wenn Sie in Gernsbach sind, haben Sie Ihre Ruhe. Sie können sich also selbst dort auspendeln, ganz ohne Esoterik.

13

Internationale Reisen:
Die Welt ist echt genug

Es wäre unfair, aus den Gräueln eines bestimmten einzelnen Reiseziels abzuleiten, wie schrecklich das entsprechende Land zur Gänze ist. Aber ein paar allgemeine Tipps für Fernreisen sollten Sie beachten:

• Wenn Sie Ihr Reiseziel realistisch einschätzen wollen, reicht ein Blick auf die Homepage des Auswärtigen Amtes. Dort finden Sie aktuelle Informationen über alle Länder dieser Welt, deren politischen Status und was die Leute dort wahrscheinlich über deutsche Touristen denken (bzw. wie viel Erpressungsgeld man aus ihnen rausquetschen kann). Für Reisesüchtige, die sich zum Ziel setzen, möglichst ferne und exotische Länder zu besuchen, ist diese Seite eine wichtige Anlaufstelle. Sie halten Ausschau nach Orten, an denen es WIRKLICH gefährlich ist, für Leib und Leben, denn sie sehnen sich nach einer Herausforderung. Die versteckt sich hinter Formulierungen wie: »Das Auswärtige Amt rät von Reisen in entlegene oder nicht hinreichend durch wirksame Polizei- und Militärpräsenz gesicherte Gebiete ab«, »Reisende mit eigenem Fahrzeug werden auf erhöhte Unfallgefahren hingewiesen, die von waghalsigen Überholmanövern, unbeleuchteten Fahrzeugen, Sandverwehungen sowie Straßen und Pisten überquerenden Kamelen, Eseln und Ziegen ausgehen« oder »Deutsch sprechende Ärzte sind nicht bekannt«. All das macht ein Ziel für Reisesüchtige erst interessant. Aber nicht für Sie als Stubenhocker.

- Bei internationalen Reisen ist der Grenzübertritt ein kitzliger Moment. Sei es mit dem Auto an der Zollstation oder am Flughafen bei der Gesichtskontrolle. Natürlich möchten Sie möglichst problemlos durch dieses Prozedere kommen. Schauen Sie also so unschuldig drein, wie Sie können. Aber bemühen Sie sich dabei nicht zu sehr – das macht verdächtig. Lächeln Sie nicht, und vermeiden Sie vor allem jede Art von Witz. Wenn irgendwo am Boden eine Linie gezogen ist und Bewaffnete rumstehen, versichern Sie sich erst, dass Sie die Linie übertreten dürfen, ohne dass Sie gleich von Kugeln durchsiebt werden. Achten Sie darauf, dass Sie tatsächlich nichts zu verzollen haben, sonst wird es peinlich. Auch die Ausfuhr irgendwelcher einheimischen Kulturgüter will wohlüberlegt sein. Einige Länder reagieren sogar auf eingepackte Steinchen vom Strand äußerst allergisch. Sie als Stubenhocker sind da fein raus – Ihnen steht nicht der Sinn danach, auch noch Andenken von einer Reise mit sich rumzuschleppen. Sie sind schon zufrieden, wenn Sie alle Extremitäten wieder mit nach Hause bringen.

- Auch die lokalen Krankheiten sollten Sie mit einplanen. Wenn Sie glauben, dass Sie in einer durchschnittlichen S-Bahn von Viren bombardiert werden, ist das nichts im Vergleich zu den originellen Seuchen, die Sie sich im Ausland einfangen können. Ruckzuck werden Sie von etwas niedergestreckt und finden sich im Fieberwahn in einem Krankenhausbett wieder (selten alleine). Es werden Ihnen Körperteile abfaulen, derer Sie sich bislang nicht einmal bewusst waren! Ganze Horden von Ärzten werden sich mit gezückten Messern über Sie beugen und streiten, wer amputieren darf! So etwas ist doch nicht erstrebenswert. Nehmen Sie auf Auslandsreisen genug Vitamine, Desinfektionsmittel und einen Mundschutz mit. Die Reiseapotheke sollte notfalls einen eigenen Koffer umfassen. Aber lassen Sie sich eine ärztliche Bescheinigung ausstellen, dass Sie auch wirklich jedes einzelne Medikament brauchen, sonst werden Sie beim Check-in am Flughafen mit einem Drogendealer oder – schlimmer noch – einem Vertreter der Pharmaindustrie verwechselt.

- Als Stubenhocker schütteln Sie schon den Kopf, wenn der Zug in umgekehrter Wagenreihung einfährt. Das ist aber kein Vergleich zum kollektiven Bahnsteig-Facepalm, wenn der Zug komplett ausfällt. Doch leider ist festzuhalten, dass in Deutschland der ÖPNV insgesamt besser funktioniert als in den meisten anderen Ländern. Sie werden feststellen, dass es an vielen Orten dieser Welt nicht mal einen Fahrplan gibt. Fragen Sie die Einwohner, wann der Zug fährt, zucken sie entweder mit der Schulter oder sagen »bald«, wobei diese Zeitspanne zwischen acht Sekunden und neun Tagen dauern kann. So etwas wie eine Sitzplatzreservierung wird in vielen Ländern als unnötiger Luxus angesehen – man prügelt sich traditionell noch um einen Sitzplatz. Oder es gibt überhaupt keine an Bord und Sie fliegen im Stehen.

- Geraten Sie in die Verlegenheit, im Ausland am Straßenverkehr teilnehmen zu müssen, sollten Sie vorher Ihr Testament gemacht haben und als sozialer Mensch einen multilingualen Organspendeausweis in einem feuerfesten Brustgurt bei sich tragen. Einige Länder haben Linksverkehr, andere haben Rechtsverkehr – aber in den meisten Ländern herrscht freie Wahl, und das wird weidlich ausgenutzt. Sogar im Kreisverkehr ist man sich oft nicht einig, in welche Richtung er zu befahren ist. Im Ausland ist der wichtigste Körperteil beim Lenken des Autos Ihr Ohr. Fahren Sie wie eine Fledermaus! Die anderen Verkehrsteilnehmer benutzen ihre Hupe eher als das Blinklicht oder ihre Bremse. Sie halten sich auch nicht gern damit auf, erst in eine Seitenstraße zu schauen, ob ein vorfahrtberechtigtes Fahrzeug herauskommt, sondern hupen und fahren weiter. Vertrauen Sie auf Ihre Instinkte, und fädeln Sie sich in den Verkehr ein. Hupen Sie selbst so oft wie möglich. Sollten Sie in einen Unfall verwickelt sein und jemand Ihren Organspendeausweis finden, beschützen Sie Ihre Organe mit Händen und Füßen, solange Sie noch am Leben sind.

- Im Ausland können Sie gar nicht paranoid genug sein. Taschendiebe sind überall! Mörder sowieso! Umklammern Sie immerzu Ihre Wertsachen. Lassen Sie nie etwas im Hotel herumliegen. Schauen Sie alle anderen Leute grimmig an. Das ist zwar schlecht für den Ruf der Deutschen im Ausland, aber Sie sind ja nicht in offizieller diplomatischer Mission unterwegs.

- Als Deutsche im Ausland erkannt zu werden, ist in der Regel eher peinlich. Entweder sieht man sich Naziwitzen ausgesetzt oder wird mit Lothar Matthäus verglichen. Außerdem stehen Deutsche im Ruf, nie richtig zufrieden zu sein und immer zu motzen. Sie haben zwei Möglichkeiten: Entweder Sie verhalten sich dementsprechend deutsch-konform und sind als Gast besonders anstrengend (das gibt den anderen das Gefühl, Sie leichter einschätzen zu können), oder Sie tun so, als wären Sie gar kein Deutscher. Praktisch ist es dann, wenn Sie eine Fremdsprache rudimentär beherrschen. Aber damit sind Sie nicht automatisch fein raus – auch über Ihr fiktives Heimatland gibt es natürlich Vorurteile, die nun über Sie ausgeschüttet werden.

- Auch Nahrungsmitteln in der Fremde sollten Sie niemals aufgeschlossen gegenübertreten. Vor allem nicht denen, die Anstrengungen unternehmen, aus eigener Kraft vom Teller zu entkommen. Versuchen Sie immer herauszufinden, um was für ein Gewächs es sich handelt, bevor Sie davon kosten (oder ob das, was nach einer Frucht aussieht, vielleicht ein Fisch ist). Wenn es sich um ein Büfett handelt, beobachten Sie die anderen Gäste, die etwas davon essen. Ohnmachtsanfälle oder Magenkrämpfe in unmittelbarer Nähe sollten Sie zuordnen können, bevor Sie selbst zum Essen schreiten.

- Fernreisen verändern die Psyche und die Wahrnehmung der Welt. Globetrotter verlieren jede Perspektive. Wer immerzu global denkt, kann seinen Platz in der Welt nicht mehr sehen. Wenn Sie mit Reisesüchtigen ins Gespräch kommen, also diese Ihnen endlos von ihren Reisen berichten, während Sie nickend danebensitzen, werden diese auch anfangen, wehmütig von den Orten zu erzählen, zu denen sie auf ihrer Reise nicht gelangen konnten. Damals waren sie im Pazifik unterwegs und sind von Insel zu Insel geschippert. Jede Südseeinsel des Archipels sah gleich aus, und da war eine Insel etwas abgelegen von der Gruppe. An dieser Insel war keine Besonderheit, sie sah exakt wie die anderen Südseeinseln aus, und sie zu besuchen, hätte zwei Tage gekostet, also hat der Reisesüchtige darauf verzichtet, diesen Abstecher zu machen. Und nun, Jahre später, ärgert er sich. Wütend starrt er auf die vor ihm ausgebreitete Karte und ist enttäuscht, dass dort auf dem Globus ein Ort ist, auf den er noch keinen Fuß gesetzt hat. Sein ganzes Leben ist danach ausgerichtet, diese Scharte

auszuwetzen. Schnellstmöglich muss er zurück in die Süd-
see, und sei es nur, um diese eine verdammte Insel zu besuchen. Es gibt für Sie nur eine Möglichkeit, diesem Monolog zu entkommen: Ermutigen Sie den Reisesüchtigen,
SOFORT alles stehen und liegen zu lassen und dorthin zu
reisen! Bedauern Sie ausführlich, dass Sie wegen eines Ter-
mins beim Katzenfriseur nicht mitkommen können.

14
Wieder daheim:
Sie haben es geschafft!

Jeder Schrecken geht einmal zu Ende.

Irgendwann kehren auch Sie wieder nach Hause zurück. Sie haben den Urlaub, die Dienstfahrt, den Ausflug überstanden. Vielleicht hat es Wochen gedauert. Vielleicht auch nur Tage, doch es kam Ihnen wie Wochen vor – wie Monate. Nun endlich hören Sie das vertraute Klicken, mit dem Sie Ihre Wohnungstür aufschließen. Erschöpft schleppen Sie sich in die Wohnung, lassen Jacke, Tasche und Koffer fallen und sinken auf Ihrer geliebten Couch darnieder. Leise schwören Sie, diese niemals wieder zu verlassen.

Da wachen Sie auf. Es war nur ein Traum. Sie sind immer noch im Urlaub. Einige Tage müssen Sie noch durchstehen.

Man soll den Tag nicht vor der Heimfahrt loben

Ein Stubenhocker kümmert sich nicht auf den letzten Drücker um sein Gepäck. Spätestens 24 Stunden vor der Heimreise sollten Sie beginnen, Ihre Koffer systematisch zu packen, sodass Sie nur noch die Kleidung für die letzten Tage samt Heimreise bereitliegen haben. Verfallen Sie auf den letzten Metern nicht in Hysterie, wie es viele Reisesüchtige tun, die im Endspurt noch die aufwändigsten Tagesausflüge machen, die exotischsten Gerichte probieren oder exzessive Verabschiedungen von den Urlaubsbekanntschaften feiern müssen. Überhaupt, Letztere sind mit besonderer Vorsicht zu genießen. Rücken Sie niemals Ihre Adresse oder Telefonnummer raus! Sie werden ansonsten von den Urlaubsbekannten bestürmt, sobald Sie zu Hause sind. Der einzige angenehme Umgang sind andere Stubenhocker, die – wie Sie – von den Umständen zu einem Urlaub oder einer Fahrt gezwungen wurden. Mit diesen können Sie natürlich Ihr asoziales Netzwerk ausbauen. Verwenden Sie im Urlaub sicherheitshalber ein Pseudonym, sodass Sie nicht nach dem Urlaub im Telefonbuch oder im Internet ausfindig gemacht werden können.

Achten Sie am Tag der Heimreise darauf, dass alles nach Plan verläuft. Nichts ist schlimmer, als endlich die Rückreise antreten zu können und dann von unnötigen Problemen ausgebremst zu werden. Klären Sie am besten schon bei der Ankunft im Hotel alle Details der Heimreise, je nach Verkehrsmittel. Gibt es einen Flughafentransfer, sollten Sie frühzeitig bereitstehen, um den Bus nicht zu verpassen. Fallen Flugzeug oder Zug aus, lassen Sie sich vom Reiseveranstalter keine gratis Urlaubsverlängerung aufschwatzen. Pochen Sie auf Ihre Rechte als guter Demokrat, und bestehen Sie auf einem sofortigen Rücktransfer ohne Umwege.

Geht dabei etwas schief, setzen Sie einen gepfefferten Brief an den Reiseveranstalter auf. Vielleicht hat das wenigstens zur Folge, dass Ihnen ein Teil der Reisekosten erstattet wird. Verbuchen Sie das bei der Steuer im Feld »Schmerzensgeld«.

Wie Sie wieder zu Sinnen kommen

Dann – ENDLICH! – kommen Sie wirklich zu Hause an. Das wahre Leben hat Sie wieder! Nun müssen Sie nicht mehr so tun, als wäre der Urlaub gar nicht so schlimm, und wenn eine Dienstreise hinter Ihnen liegt, haben Sie die belanglosen Meetings in irgendwelchen dahergelaufenen Szenerestaurants überstanden.

Sorgen Sie dafür, dass Ihre Rückkehr in den Stubenhockeralltag behutsam vonstattengeht. Stürzen Sie sich nach dem Urlaub nicht Hals über Kopf zurück in die Freuden des Stubenhockerdaseins, sondern finden Sie ein Ventil für die Aufgewühltheit und die vielen Sinneseindrücke, die Sie zwangsläufig mitgebracht haben. Stehen Sie regelmäßig von der Couch auf, machen Sie Dehnübungen, trinken Sie viel Wasser. Laufen Sie in Ihrer Wohnung auf und ab, und vergewissern Sie sich, dass alles so ist, wie Sie es zurückgelassen haben. Sie sollten eigentlich keine großen Probleme dabei haben, wieder den Alltag einkehren zu lassen. Tun Sie einfach, wonach Ihnen der Sinn steht. Wenn Sie erst mal wieder in den eigenen vier Wänden sind, können Sie Ihre Freiheit genießen.

Waren Sie mit besonders kommunikativen Menschen im Urlaub, könnte das auf Sie abgefärbt haben. Wundern Sie sich also nicht, wenn Sie in den ersten Tagen nach dem Urlaub mit dieser Gesellschaft den unerklärlichen Drang spüren, andere Leute kontaktieren zu wollen. Das lässt wieder nach. Die Reisesymptome ebben in der Regel nach drei bis sieben Tagen von selbst ab. Wenn das nicht passiert, sollten Sie Ihren Hausarzt konsultieren. Sie könnten einen milden Fall von Reisefieber mitgebracht haben, was sich aber medikamentös ohne schlimme Folgeerkrankungen behandeln lässt.

In seltenen Fällen sind die Folgen eines Urlaubs schlimmer. Es ist nicht auszuschließen, dass Ihre Reise eine traumatische Erfahrung war, deren Folgen Sie nicht einfach so abschütteln können. Beobachten Sie sich, und seien Sie ehrlich. Brechen Sie in Schweiß aus, wenn der Postbote den Werbekatalog eines Reisebüros einwirft? Vernachlässigen Sie Ihr asoziales Netzwerk? Fehlt Ihnen die Kraft, sich gegen den nächsten Urlaub zu stemmen und überkommt Sie damit einhergehend ein Anflug von Lethargie und Mutlosigkeit? Dann sollten Sie sich in professionelle Obhut begeben. Auch wenn Sie es in diesem Moment nicht glauben – es wird für Sie wieder möglich sein, in Ihr gewohntes Leben zurückzufinden. Nach und nach klingen die Schrecken der Reise ab und Sie finden Wege, wie Sie die Panikattacken in den Griff bekommen, wenn andere von ihren Urlaubserlebnissen erzählen oder sogar Fotos zeigen.

Stubenhocker, die solche Spätfolgen bewältigen müssen, mögen durch ihre Reise fürs Leben gezeichnet sein, doch sie versuchen, ihren Alltag nicht von dieser schrecklichen Erfahrung bestimmen zu lassen! Wenn es Ihnen passieren sollte: Seien Sie stärker als die Erfahrungen, die Sie machen mussten!

Wie Sie Ihre Reise ins beste schlechte Licht rücken

Nach der Reise sind Sie einfach nur froh, dass Sie überlebt haben, und möchten am liebsten alles wieder aus Ihrem Gedächtnis streichen und sich Ihrem eigentlichen Leben widmen. Umso schlimmer, dass dauernd Leute von Ihnen wissen wollen, wie der Urlaub war, was Sie alles erlebt haben, wo Sie waren, wen Sie getroffen haben. Gerade Reisesüchtige sind an sämtlichen Details interessiert – aber nur, um Ihnen verklickern zu können, dass ja ihre Reise in diese Gegend viel besser war.

Sie haben in diesem Fall zwei Möglichkeiten:

1. Sie nehmen das alles lächelnd hin und lassen es so stehen. Der Reisesüchtige ist glücklich, weil er sich bestätigt

fühlt, und Sie können das unangenehme Thema einfach abhaken.

2. Doch vielleicht möchten Sie Ihren Stubenhocker-Stand-
punkt verdeutlichen und gleichzeitig dafür sorgen, dass Ihnen in Zukunft solche Fragen nie wieder gestellt werden.
Dann hilft nur eines: Laden Sie Ihre Freunde ein, um ausführlich von Ihrem Urlaub zu berichten. Und zwar auf so eine
eindrückliche Weise, dass allen Zuhörern die Münder offen-
stehen – doch nicht wegen Ihrer einmaligen Erlebnisse, sondern weil alle staunen, wie effizient Stubenhocker verreisen,
wenn es nötig ist.

Das verlangt einiges an Vorbereitung von Ihnen ab. Sammeln Sie alles Bildmaterial, das Sie selbst gemacht oder anderen vor Ort abgekauft haben, und schließen Sie Ihren Rechner an den Fernseher an, um die Bilder zu präsentieren.

Ihr Vortrag sollte erschöpfend davon handeln, welcher Teil
der Reise wie schlimm war. Nutzen Sie Kartenmaterial, um
die Reiseroute im Detail zu erläutern, und zoomen Sie ruhig
richtig nahe an die Satellitenbilder heran, um zu verdeutlichen, wie hässlich und abgelegen Ihr Hotel war. Nutzen Sie
die Karte auch, um zu zeigen, an welchen Kreuzungen Sie
fast überfahren worden wären oder wo Sie von der wilden
Ziege angegriffen wurden.

Die Fotos aus dem Urlaub selbst können die mangelhafte
Hygiene an jeder Straßenecke illustrieren, und sie sollten
auch zeigen, wie klein Ihr Zimmer war. Lassen Sie auch die
anderen Urlauber nicht aus, die Sie hoffentlich fotografiert
haben.

Ein derartiger Vortrag sollte nicht unter drei Stunden dauern. Rechnen Sie also aus, wie viele Details jedes einzelnen
Fotos Sie erläutern müssen, um diese Zeit zu erreichen. Erlauben Sie keine Zwischenfragen, bieten Sie nichts zu trin-

ken an, und planen Sie keine Toilettenpausen ein. Lassen Sie Ihre Gäste spüren, wie anstrengend dieser Urlaub für Sie war. Wenn sie nach Hause gehen, soll ihnen die Lust auf einen eigenen Urlaub gehörig vergangen sein. Das wird sich wieder legen, aber Sie können sicher sein, dass Sie nie wieder gefragt werden: »Und, wie war's?«

Welche positiven Dinge
Sie von einer Reise mitbringen

Keine.

Aber wenn Sie schon irgendwo da draußen sind, sollten Sie nach Schnäppchen Ausschau halten.

Nach der Reise ist vor der Reise:
Überlebensstrategien und Lehren

Sie kennen den Spruch: Was Sie nicht umbringt, macht Sie härter.

Das ist natürlich Blödsinn.

Zum einen können Sie froh sein, wenn die Reise Sie nicht doch dahingerafft hat. Sicher, die meisten Unfälle passieren im Haushalt, aber dort ist das Telefon nicht weit, und der Notruf reagiert wahrscheinlich zuverlässig. In einer fremden Umgebung ist ein Unfall deutlich unangenehmer. Und die Unfallstatistik ist vermutlich nur deswegen so haushaltslastig, weil viele Leute vernünftigerweise einfach zu Hause bleiben wollen. Das verfälscht natürlich die Statistik.

Zum anderen macht eine Reise Sie nicht härter, sondern schwächer. Sie haben sich durch die Weltgeschichte geschleppt und dabei jede Menge Kraft verbraucht. Es dauert einige Zeit, bis diese Energie wiederhergestellt ist – und Ihre

Kapazitäten sind durch die Reise nicht gestiegen. Welche Lehren können Sie aus so einer Erfahrung mitnehmen, und was können Sie tun, damit es nächstes Mal nicht wieder so schlimm wird?

- Erliegen Sie nicht der Selbsttäuschung, dass das Thema Urlaub nun für Sie durch sei. Die nächste Reise kommt bestimmt. Lernen Sie die Gelassenheit, dass Sie Ihrem Reiseschicksal niemals ganz entkommen können (es sei denn, Sie möchten Eremit werden ... dann sollten Sie auch Eremit werden ... macht sich aber im Lebenslauf eher schlecht).
- Lernen Sie aus Ihren Fehlern! Sie haben am Urlaubsort gemerkt, dass Sie etwas nicht eingepackt hatten? Machen Sie eine Liste, damit Ihnen das nicht wieder passiert.
- Notieren Sie sich, was am Urlaubsziel so schrecklich war. Lesen Sie sich diese Notizen regelmäßig durch. So prägen Sie sich ein, warum Sie diesen Ort niemals wieder besuchen sollten.

Je öfter Sie nicht verreisen, desto leichter wird es Ihnen fallen.

Nachwort

Verreisen ist Krieg.

Doch irgendwann herrscht Frieden. Die Düsentriebwerke verstummen, der Nebel über dem Autobahnkreuz lichtet sich, und erschöpft kehren alle, die die Reise überstanden haben, nach Hause zurück.

Wir alle können etwas dafür tun, dass diese Welt ein wenig besser wird. Nicht verreisen ist die Antwort auf viele drängende Fragen unserer Zeit. Das soziale Gefüge wird dadurch stabiler, weil alle Leute, die einfach daheimbleiben, Verlässlichkeit, Konstanz und Stabilität ausstrahlen. Ihre Mitmenschen wissen, dass sie sich auf Stubenhocker verlassen können, denn diese sind immer erreichbar. Die Umwelt wird geschont, wenn man aufs Reisen verzichtet. Niemand verschwendet Energie. Und Stubenhocker leben deutlich entspannter, wie Sie nach dieser Lektüre wissen. Es ist unverständlich, dass die Vereinten Nationen das Stubenhocken nicht in ihre Charta als zivilisatorische, zu schützende Errungenschaft aufnehmen und dass nicht einmal die Bundesländer die Lehrpläne der Schulen dahingehend anpassen (beispielsweise als Teil des Ethikunterrichts – oder als eigenes Fach).

Doch es wird immer Unbelehrbare geben, die niemals einen Nichtreisepakt unterzeichnen würden, die heimlich ihre

Wohnung mit Reiseprospekten anreichern und das gegenüber ihren nichtreisenden Freunden verheimlichen.

Seien Sie diesen Leuten gegenüber tolerant, aber zeigen Sie entschlossene Härte, wenn sie es einfach nicht lernen wollen und wieder einmal versuchen, Sie zu einem Urlaub zu überreden.

Sie wissen nun, dass der Stubenhocker-Lifestyle der bessere Weg ist. Aber Ihnen ist auch bewusst, dass eine milliardenschwere Urlaubsindustrie alles daransetzt, dauerhaftes Nichtreisen und friedliches Stubenhocken zu verhindern. Sie können kein Magazin aufschlagen, ohne dass Ihnen die Freuden des Reisens angepriesen werden. Fußballspieler werden mit teuren Werbeverträgen gelockt, Reiseportale mit ihrem Grinsegesicht zu pflastern. Jede Schlechtwetterperiode wird schamlos ausgenutzt, der wankelmütigen Bevölkerung das Faulenzen unter Palmen zu verhökern. Ihre Freunde sind alle davon so sehr beeinflusst worden, dass sie immerzu bei Ihnen nachfragen, wohin Ihr nächster Urlaub Sie führt, und sie akzeptieren keinen Verweis auf Ihre vernünftige Lebensweise. Sie haben alle Mühe, Ihren Standpunkt rüberzubringen und das Reisen aus Ihrer Existenz auszublenden.

Seien Sie ein stolzer Stubenhocker, der sich nicht unterkriegen lässt. Sie müssen sich nicht der Reiselobby beugen, und Sie brauchen sich nicht einreden zu lassen, nur Globetrotter könnten glücklich werden. Wenn Sie ein Dach über dem Kopf haben, ein Sofa in Reichweite steht und Sie in Ihrer Wohnung alles finden, was Sie gern um sich haben, dann ist alles gut.

Machen Sie es sich bequem.

Schalten Sie ab.

Stellen Sie sich vor, es ist Urlaub.

Und Sie fahren einfach nicht hin.

Danksagung

Wenn Autoren zusammensitzen, fangen sie schnell an rumzuspinnen, welche Bücher da draußen noch fehlen. An einem solchen Abend, in Wetzlar, kam die Inspiration zu einem »Ratgeber für Stubenhocker« gemeinsam mit Sandra und Christoph Lode und Matt Grandis. Wir waren uns schnell einig, dass die Welt auf so etwas gewartet hat.

Meine Agentinnen Natalja Schmidt und Julia Abrahams konnten sich für die Idee begeistern und haben dieses Buch auf den Weg gebracht.

Doreen Fröhlich hat Methode in den Wahnsinn und viele schöne Spitzen gebracht, und das Team von Goldmann hat dem Projekt einen großartigen Anstrich verpasst.

Eine immerwährende Quelle der Inspiration, was Reisen angeht, sind meine Eltern: Während es meinen Vater kaum zu Hause hält, ist meine Mutter ein großes Stubenhocker-Vorbild. Niemand findet effizienter Ausreden, eine Flugreise zu vermeiden.

Mein besonderer Dank gilt meiner Frau Mona und unseren Kindern Leonard und Nora Elisa. Sie schaffen es immer wieder, sich von meinem Stubenhocken nicht zu sehr beeinflussen zu lassen, aber haben Verständnis, wenn es einfach nötig ist. Und sie schaffen es sogar, mich zu Urlauben zu überreden. Gelegentlich.

Und ich danke meinem eigenen asozialen Netzwerk. Es besteht größtenteils aus Computerspieleentwicklern und Angehörigen der Phantastik-Szene. Ich treffe sie täglich virtuell und in echt auf Messen, Tagungen und Conventions. Ihre Gesellschaft macht es erträglich, ab und an die eigene Stube verlassen zu müssen.